ÉTUDE

SUR

L'UTILISATION DE LA VAPEUR

DANS LES LOCOMOTIVES

ET

L'APPLICATION A CES MACHINES

DU FONCTIONNEMENT COMPOUND

PAR

A. MALLET

INGÉNIEUR, ANCIEN ÉLÈVE DE L'ÉCOLE CENTRALE

LAURÉAT DE L'INSTITUT (PRIX FOURNEYRON 1877)

EXTRAIT des Mémoires de la Société des Ingénieurs civils.

PARIS

IMPRIMERIE E. CAPIOMONT ET V. RENAULT

6, RUE DES POITEVINS, 6

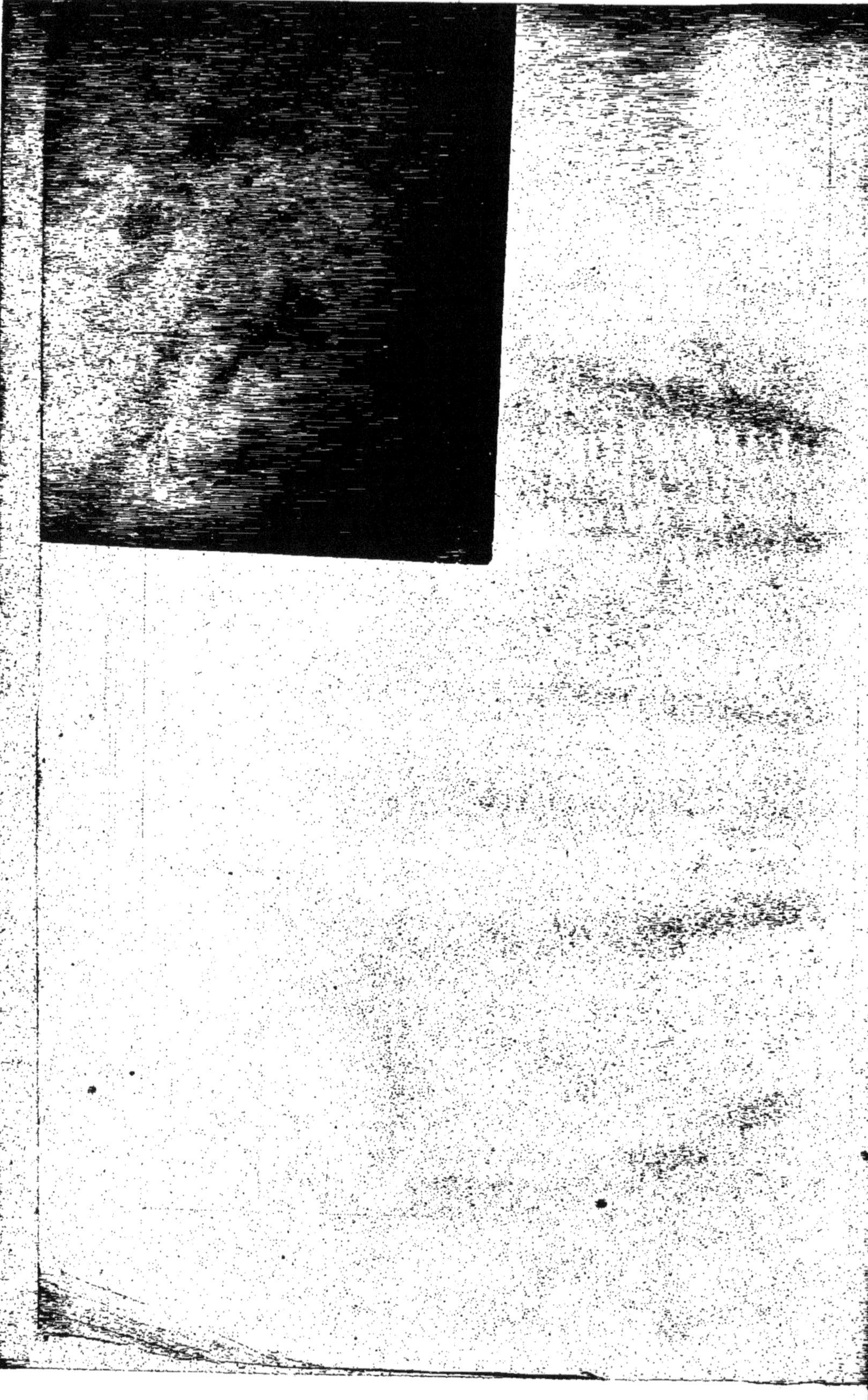

ÉTUDE

SUR

L'UTILISATION DE LA VAPEUR

DANS LES LOCOMOTIVES

ET

L'APPLICATION A CES MACHINES

DU FONCTIONNEMENT COMPOUND

PAR

A. MALLET

INGÉNIEUR, ANCIEN ÉLÈVE DE L'ÉCOLE CENTRALE

LAURÉAT DE L'INSTITUT (PRIX FOURNEYRON 1877)

EXTRAIT des Mémoires de la Société des Ingénieurs civils.

PARIS

IMPRIMERIE E. CAPIOMONT ET V. RENAULT

6, RUE DES POITEVINS, 6

1878

ÉTUDE

SUR L'UTILISATION DE LA VAPEUR

DANS LES LOCOMOTIVES

ET L'APPLICATION A CES MACHINES

DU FONCTIONNEMENT COMPOUND

PAR M. **A. MALLET.**

INTRODUCTION.

Le mémoire qui va suivre se divise en deux parties : la première, qui a pour objet le développement des considérations que nous avons eu l'honneur de présenter à la Société des Ingénieurs civils dans les séances des 5 et 19 janvier 1877, comprend l'étude générale du fonctionnement des machines locomotives comme moteurs à vapeur; elle était terminée depuis longtemps déjà, au moins en grande partie, et sa publication n'a été retardée que par le désir que nous avions de lui adjoindre son complément naturel, la seconde partie, comprenant l'étude de l'application du fonctionnement Compound aux locomotives, fonctionnement que nous présentions comme le moyen le plus simple et le plus efficace d'accroître l'utilisation de la vapeur dans ces machines. Nous avons dû attendre, pour cette seconde partie, de pouvoir présenter des résultats basés sur une pratique suffisamment prolongée.

A l'époque où ce travail avait été fait, on ne trouvait, comme nous le montrerons ci-après, dans les ouvrages spéciaux, que des renseignements très-imparfaits, sinon tout à fait inexacts, sur le sujet qui nous occupe, et nous avions essayé de combler ce qui nous paraissait une lacune regrettable dans l'étude de la machine locomotive, en nous flattant de l'espoir de présenter à la Société des Ingénieurs civils un travail empreint d'une certaine originalité.

Mais, à peu près à la même époque, M. l'inspecteur général Couche fit paraître un dernier fascicule qui forme le couronnement de son grand ouvrage : *Voie, matériel roulant et exploitation technique des chemins de fer.* Dans cette dernière partie, l'éminent professeur a abordé la question du travail intime de la vapeur dans les cylindres et, nous avons à peine besoin de le dire, a imprimé à cette étude son cachet magistral. Nous avons pensé, toutefois, que si l'originalité de notre travail était quelque peu diminuée, nous devions nous considérer comme amplement dédommagé par l'honneur de nous voir en parfaite communauté d'idées avec un auteur dont les ouvrages sont aujourd'hui classiques. De plus, nous proposant de ne traiter la question des locomotives qu'au point de vue exclusif de l'utilisation de la vapeur, nous pouvions entrer dans des détails que ne comportait pas un ouvrage d'une portée beaucoup plus vaste, et comme, d'ailleurs, nous pensions avoir introduit dans cette étude des aperçus et des méthodes d'investigation qui nous sont personnelles, nous avons cru qu'après le livre de M Couche il y avait encore place pour des travaux plus modestes, et c'est pour cela que nous nous sommes décidés à livrer cette étude à la publicité.

Plus récemment, M. Ledoux, ingénieur des mines, a fait paraître dans les *Annales des Mines* une remarquable étude sur les *Condensations de la vapeur à l'intérieur des cylindres de machines*, dans laquelle cette question est traitée d'une manière très-complète en ce qui concerne les locomotives.

Pour cette étude, l'auteur a employé une méthode de calcul précédemment indiquée par M. Leloutre[1] pour les machines fixes, méthode qui permet de trouver *au moyen des diagrammes d'indicateurs seuls*, la quantité d'eau réellement dépensée par un moteur, connaissant le degré de surchauffe ou la proportion d'eau entraînée, si la machine travaille avec de la vapeur saturée, et inversement, connaissant la dépense d'eau, d'en déduire la quantité d'eau mélangée avec la vapeur sortant de la chaudière.

1. *Bulletin de la Société industrielle du Nord de la France.* Année 1874, pages 215, 224, 225 et 226.

Ce travail, présenté sous une forme peut-être un peu trop savante pour les applications pratiques, est de nature à jeter beaucoup de jour sur une question aussi importante, bien que nous fassions dès à présent quelques réserves sur les conclusions auxquelles arrive l'auteur, réserves sur lesquelles nous reviendrons dans le cours de cette étude.

PREMIÈRE PARTIE

UTILISATION DE LA VAPEUR

DANS LES

MACHINES LOCOMOTIVES

I. — Exposé et Considérations générales.

Le but que nous nous proposons dans cette première partie est d'étudier le fonctionnement intime de la vapeur dans les machines locomotives et de chercher à en déduire les améliorations qu'il est possible d'y apporter pour amener au minimum la quantité d'eau à vaporiser dans la chaudière pour la production d'un travail donné.

On sera peut-être surpris d'apprendre qu'alors que ce genre de machines, dont il existe actuellement, d'après certaines statistiques, 50 à 60,000 exemplaires dans le monde entier, a été minutieusement étudié jusque dans les plus petits détails de construction, du train, de la chaudière et du mécanisme, le mode d'action de la vapeur dans la machine considérée exclusivement comme moteur, est au contraire relativement peu connu, et les travaux cependant bien remarquables faits sur ce point intéressant trop généralement ignorés. Il suffit, pour s'en convaincre, de parcourir les ouvrages spéciaux; la plupart ne donnent que peu ou même point de renseignements sur la question; d'autres, on est bien obligé de le constater, contiennent des notions propres à accréditer les idées les plus fausses sur un point aussi capital.

Les causes de cette négligence apportée à l'examen d'une question aussi considérable sont multiples; l'une des principales consiste dans la complexité même de l'ensemble qui constitue le problème de la traction par locomotive; en présence de questions si diverses, englobées dans cet ensemble, l'ingénieur de chemins de fer et le constructeur de machines ont dû se laisser généralement amener à reléguer dans un arrière plan un élément dont l'influence immédiate sur les résultats à obtenir leur paraissait un peu secondaire. Nous justifierons cette assertion par des citations qui empruntent une certaine autorité à la compétence indiscutable de leurs auteurs sur les questions de traction et de matériel de transport.

« 1° Les perfectionnements qu'on peut apporter aux machines locomotives eussent-ils pour effet de réduire de moitié la consommation de combustible pour un même travail produit, et c'est là une amélioration fort improbable, cette réduction de dépense qui, vraisemblablement, couvrirait de gloire l'ingénieur qui l'aurait réalisée, produirait une économie insignifiante sur le coût du transport des voyageurs et des marchandises[1].

« 2° Il n'y a, en dehors de ce genre d'améliorations (substitution de l'acier au fer et emploi à l'accroissement de la surface de chauffe et à l'extension des approvisionnements de la plus grande partie possible du métal des machines), de progrès sérieux possibles que dans une transformation radicale du moteur qui surgirait à la suite d'une véritable révolution dans les conditions actuelles de sa sphère d'activité. Il est facile de se rendre compte de cette assertion quand on considère quelle faible réduction dans le coût du transport réaliseraient dans l'état actuel des choses les plus importantes économies dans la consommation de combustible.

« Prenons une machine du type le plus récent employé au service des voyageurs, développant une puissance de traction d'environ 3,500 kilogrammes et remorquant 16 voitures à une vitesse de régime de 45 kilomètres à l'heure.

« La consommation de combustible est, par kilomètre parcouru par le train, de 7 à 8 kilogrammes, représentant une valeur de 20 à 25 centimes. Une réduction de 25 pour 100 sur cette consommation peut-elle être le résultat du perfectionnement mécanique de la locomotive? Est-elle possible? Évidemment non.

« Admettons-le pourtant. Supposons cette réduction réalisée; tout compte fait, on aurait économisé 5 à 6 centimes par kilomètre parcouru. Le constructeur de locomotives doit donc porter ses soins et toute son attention sur le bon agencement des divers organes de la machine et la répartition logique de son poids sur chaque essieu, sur la réduction du métal inutile, par la mise en œuvre des métaux très-résistants, sur l'augmentation de la surface de chauffe, beaucoup plus que sur des dispositions imaginées dans le chimérique espoir de réduire la consommation du combustible dans des proportions considérables pendant la période d'exploitation[2]. »

1. Vidard, *Recherche du meilleur système de voiture à adopter pour le transport des voyageurs sur les chemins de fer.*
2. Level, *Construction des chemins de fer d'intérêt local.*

Une manière aussi catégorique de poser une question ne semble guère, on en conviendra, de nature à encourager les tentatives d'amélioration de la locomotive en tant que machine à vapeur. Cependant, sans se laisser arrêter à la prétendue impossibilité de la réalisation d'une économie de 25 pour cent sur les consommations actuelles, on peut se demander si l'obtention de cette économie aurait des conséquences aussi insignifiantes que veulent bien le dire les auteurs des citations que nous venons de faire.

Ne pourrait-on leur répondre que si une grande ligne de chemins de fer dépense actuellement cinq millions de francs de combustible par an, une réduction de 25 pour cent sur ce chiffre constitue une somme de *douze cent cinquante mille francs*, qui n'est pas à dédaigner même pour les plus puissantes sociétés? Nous ajouterons que, pour l'honneur même de la science de l'ingénieur, il est désirable de ne pas voir gaspiller en pure perte un combustible aussi précieux que la houille, et de ne négliger aucune économie si insignifiante qu'elle puisse paraître en valeurs relatives.

Mais il y a plus, et les ingénieurs que nous nous permettons de prendre à partie nous semblent n'avoir envisagé qu'un côté de la question. Nous allons démontrer qu'une réduction absolue de 25 pour cent sur la consommation du combustible est de nature à entraîner d'autres avantages que celui de la réduction immédiate de la dépense de ce chef. Ainsi :

1° Dans bien des cas, la réduction de la dépense de combustible entraînera pour une chaudière donnée, par suite de la moindre consommation par mètre carré de grille et par mètre carré de surface de chauffe, une amélioration dans la production et dans l'utilisation du calorique, qui viendra greffer une seconde économie sur la première, c'est-à-dire que si, pour un même travail effectué, on réduit la dépense de combustible de 1,000 à 750 kilogrammes, cette réduction pourra amener une amélioration de la combustion et de la vaporisation telle que le produit en vapeur du kilogramme de combustible soit, par exemple, porté de 8 à $8^k,5$. La dépense, qui était de $\frac{1,000}{8} = 125$ kil., descendra à $\frac{750}{8,5}$, et l'économie définitive sera de 30 pour cent au lieu de 25. En outre la réduction de la consommation par mètre carré de grille permettra généralement l'emploi de combustibles de qualité inférieure qui déterminera une nouvelle réduction de dépense. Ce sera l'équivalent de l'agrandissement de la grille et du foyer.

2° La moindre intensité de la combustion et de la vaporisation améliorera les conditions de travail du foyer et de la chaudière et en augmentera la durée en réduisant les dépenses d'entretien.

3° Dans les machines neuves, les chaudières pourront être notablement moins grandes, à travail égal ; il s'en suivra une réduction de prix et des facilités très-appréciables pour l'arrangement général des machines et la répartition des charges sur les essieux. On sait combien les grands foyers des machines actuelles sont difficiles à loger.

4° La réduction de la quantité d'eau à dépenser conduit à une réduction non-seulement du poids des approvisionnements, mais encore du poids des caisses à eau, etc., finalement du poids mort à traîner, question importante pour les machines à tender séparé.

5° Enfin, la réduction de l'approvisionnement d'eau constitue la plus naturelle et la meilleure solution du problème des grands parcours sans prise d'eau intermédiaire, problème qu'on a cherché à résoudre en Angleterre et aux États-Unis au moyen de la rigole Ramsbottom, et un peu partout par l'emploi de tenders monstrueux pesant jusqu'à 30 tonnes.

Il est bien évident que si on dépense 25 pour cent d'eau de moins par kilomètre, on fera avec la même quantité d'eau un parcours plus long dans la même proportion.

Nous avons fait voir, il y a quelques années, dans un travail inséré au Bulletin de la Société, année 1869, page 459, que sur le navire à vapeur les économies s'enchaînent, et que la première réduction, se multipliant par plusieurs facteurs successifs, finit par produire une diminution considérable du coût du transport maritime. Dans les locomotives, il en est de même, bien qu'à un moindre degré, et on se tromperait beaucoup en ne voyant dans l'amélioration du travail de la vapeur dans les cylindres qu'une économie de quelques centimes de charbon par train kilométrique.

A côté des opinions peu encourageantes que nous venons de combattre, on doit également signaler les idées fausses qui ont, dès l'origine des locomotives, été répandues, et depuis entretenues comme à plaisir sur ces machines, en tant que machines à vapeur. On voit à chaque instant professée dans les traités cette opinion, par exemple, que la puissance des machines locomotives ne s'estime pas comme celle des machines à vapeur ordinaires, c'est-à-dire en chevaux, qu'on l'estime par la charge remorquée dans certaines conditions de profil et de vitesse; dans des discussions remarquables qui eurent lieu à la Société des Ingénieurs civils à la fin de 1864 et dans les premières séances de 1865, au sujet de machines de bateaux transatlantiques, un de nos collègues, ingénieur distingué, s'élevait avec une sorte d'indignation contre toute tentative tendant à évaluer la puissance de machines destinées à des applications différentes en mesures permettant des comparaisons; il voyait là une tendance absolument antiscientifique ; ce sont des idées de ce genre qui ont contribué à maintenir jusqu'ici la confusion dans une question facile à élucider cependant.

Ajoutons, enfin, d'autres motifs empruntés au fonctionnement même des machines, comme on le verra plus loin, et aussi les fausses théories encore trop répandues aujourd'hui sur les machines à vapeur en général.

Voici à ce sujet l'opinion d'un de nos collègues, M. Leloutre, dont les beaux travaux sur les machines à vapeur sont bien connus :

« Des aperçus complètement faux sur le mode d'action de la vapeur dans nos moteurs, admis sans discussion, ont empêché jusqu'à ce jour, une analyse sérieuse des causes qui pouvaient donner lieu à la différence qui existe entre le poids de vapeur calculé et le poids de vapeur observé..... On continue à traiter la théorie des machines à vapeur d'une manière un peu trop primitive. Dans les ouvrages spéciaux, et les cours sur les machines à vapeur, on procède à peu près ainsi. On suppose les cylindres imperméables au calorique à raison de la petite fraction de temps exigée pour une course de piston. On fait alors arriver la vapeur dans un récipient géométrique insensible à la chaleur, et l'on applique la loi de Mariotte, puis viennent quelques formules algébriques, et on établit ainsi une théorie des Machines à vapeur.

« L'autorité d'un nom aidant, cette théorie entre gravement dans le monde et même hélas! elle est sûre de faire son chemin (*Bulletin de la Société industrielle du Nord de la France*). »

L'opinion de M. Hirn n'est pas moins intéressante à connaître :

« Pour établir la théorie spécifique ou particulière d'un moteur, nous avons visiblement à remplir deux conditions tout à fait essentielles :

« 1° Il nous importe d'abord de connaître exactement tous les phénomènes auxquels donne lieu l'action de la force sur le corps qui sert d'intermédiaire; c'est ainsi que pour construire la théorie de la machine à vapeur, il est indispensable de connaître tous les résultats de l'action du calorique sur l'eau.

« 2° Ces phénomènes étant bien déterminés, nous avons à rechercher à quels effets conduit leur réalisation, lorsque le corps soumis à l'action de la force se trouve renfermé dans un organisme spécial, capable de recueillir et de transmettre les effets dynamiques produits.

« La première condition étant remplie, l'étude des propriétés les plus saillantes des corps intermédiaires, sur lesquels agit la force, étant faite en même temps à l'aide de l'expérience et de l'analyse mathématique combinées, *mais toujours en dehors du moteur lui-même et indépendamment de toute forme spéciale d'application*, nous pouvons considérer l'organisme du moteur comme un assemblage de pièces dénuées de propriétés physiques, imperméables au calorique, comme un simple réceptacle mécanique sans action sur le corps qui sert d'intermédiaire à la force, en un mot, admettre implicitement que le corps transporté du cabinet du physicien dans l'intérieur de la machine, n'éprouve aucune modification quant aux phénomènes qu'il produit. Ou bien considérer les choses au point de vue réel, tenir compte des propriétés physiques des pièces du moteur, chercher à évaluer les perturbations que peut introduire, dans les effets dynamiques du corps sur lequel agit la chaleur, l'action des parois des cylindres, des tiges et des surfaces métalliques des pistons perméables au calorique.

« Laissons le nom de *théorie générique* à la première méthode qui est appliquée à l'étude de tous les moteurs thermiques, lorsqu'on s'appuie sur la non-conductibilité calorifique des gaz pour négliger l'influence des parois des cylindres, et appelons *théorie pratique* celle où l'on tient compte, dans les phénomènes analysés, des conditions particulières que l'application à tel ou tel cas donné impose aux théorèmes généraux; il est évident que c'est cette dernière seule qui peut conduire à des résultats exacts (*Bulletin de la Société industrielle de Mulhouse*, 2e trimestre 1876). »

Les prétendues théories, que M. Hirn a baptisées du nom de théories génériques, peuvent à peine suffire aux savants pour des recherches spéculatives; appliquées imprudemment aux machines, elles conduisent inévitablement l'ingénieur à des résultats qui sont en contradiction formelle avec les faits observés, ou qui du moins, pour y correspondre, exigent l'emploi de coefficients dépassant toute limite raisonnable. Elles ont malheureusement été propagées par des personnalités éminentes, surtout à l'étranger, et ont par là répandu les idées les plus inexactes sur la question des machines à vapeur ; nous croyons qu'on ne saurait trop en signaler les dangers.

Examinons la question de la mesure de la puissance développée par les machines locomotives.

Dans toute espèce de machine motrice (à vapeur dans l'espèce) appliquée directement, c'est-à-dire sans transmission indépendante, à une opération quelconque, on distingue deux modes d'évaluation du travail produit[1]; l'un, qui est la mesure industrielle, donne le résultat net en unités particulières à l'opération exécutée, ce sera pour les machines appliquées au transport par terre ou par mer, des tonnes transportées à des distances horizontales ou verticales dans l'unité de temps, cas des locomotives, bateaux, grues à vapeur, etc., des volumes d'eau élevés à des hauteurs données, pour les pompes à vapeur, des unités analogues pour des machines soufflantes, etc. Nous sommes loin de contester l'utilité de ces évaluations, qui permettent de comparer entre elles des machines faisant le même genre de travail; mais il est facile de voir que cette expression, confondant ensemble le travail de la machine motrice et celui de l'opératrice, si elle peut suffire aux transactions commerciales, est sans valeur scientifique et ne saurait satisfaire l'ingénieur qui cherche à approfondir les questions relatives aux moteurs.

Tel est, par exemple, l'évaluation de la dépense de charbon en *eau montée*, ou l'ancienne expression de *duty* des ingénieurs anglais, évaluations qui englobent les différents rendements de la chaudière, de la machine, des transmissions, s'il en existe, et enfin des pompes.

Il y a heureusement une autre expression du travail qui peut, au contraire, s'appliquer à toute espèce de machines à vapeur, du moins à toutes celles qui, comme la presque totalité, consistent en un piston à mouvement alternatif pressé par la vapeur, tantôt sur l'une de ses faces, tantôt sur l'autre; c'est ce qu'on appelle le travail brut sur le piston ou travail indiqué, parce que l'élément principal est la pression moyenne déduite d'un diagramme relevé à l'indicateur. Cette évaluation de la puissance laisse en dehors celle qui est consommée par les résistances des transmissions, des opérateurs, etc., mais ces résistances ne sont en définitive qu'une fraction plus ou moins grande du total, et peuvent être déterminées assez exactement dans chaque cas particulier; il semble donc logique que la puissance brute, qui est nécessairement la plus grande et celle qui en définitive se paye, soit la première déterminée.

1. Nous passons avec intention sous silence l'expression de puissance dite *nominale*, qui a, pour sa part, contribué considérablement à embrouiller les questions de machines à vapeur, et qui fort heureusement commence à disparaître.

L'intérêt de l'emploi des puissances brutes pour les comparaisons n'est pas douteux. Quelle que soit la manière dont on utilise le travail d'une machine à vapeur, il n'en est pas moins vrai que celui-ci est produit par la différence entre le nombre de calories possédé par le mélange de vapeur et d'eau qui sort de la chaudière et celui que conserve le mélange à son entrée dans le milieu condensant (atmosphère ou condenseur proprement dit), défalcation faite de certaines pertes accessoires. En somme, la comparaison doit toujours porter sur le nombre de calories que représente l'élévation à une hauteur d'un mètre par seconde d'un poids de 75 kilogrammes, traduite sous la forme du déplacement d'un piston parcourant sous une certaine pression une certaine distance dans une seconde.

N'est-il donc pas utile de savoir que dans tel ou tel cas cette quantité correspondra à l'absorption de 1,5 calories par seconde, dans tel autre de 2,5 ou 3, et de cette comparaison entre des appareils de destinations diverses mais opérant, en tant que moteurs à vapeur, dans des conditions analogues, ne pourra-t-on pas tirer de précieuses indications quant aux améliorations à apporter aux moins avantageux? Poser cette question, c'est la résoudre.

Depuis quelques années les machines fixes, et plus récemment les machines marines, ont reçu d'immenses perfectionnements qui ont au moins doublé l'utilisation du combustible; le mode d'action de la vapeur dans les locomotives est, au contraire, resté absolument le même depuis un peu plus de trente ans, c'est-à-dire depuis l'emploi devenu général de la distribution avec détente variable au moyen des coulisses de divers genres, dérivées de la coulisse primitive dite de Stephenson[1]. Faudrait-il en conclure, comme certains, que ces machines étaient parvenues dès ce jour-là au dernier degré de perfection et qu'il n'y avait plus rien à tenter? Nous verrons plus loin qu'il en est tout autrement, et que si la vapeur travaille dans les locomotives beaucoup mieux qu'on ne le croirait au premier abord, et cela par suite de circonstances inhérentes ou à peu près à leurs conditions de service, il y a cependant de très-notables améliorations à réaliser. Les raisons qui poussent quelques personnes à vouloir maintenir les locomotives, en tant

1. Si on nous objectait que la consommation kilométrique a considérablement diminué pour le même travail, nous répondrions que cette diminution tient beaucoup moins à *la meilleure utilisation de la vapeur* qu'à des causes étrangères à notre sujet, et notamment à la meilleure utilisation des machines.

que machines à vapeur, dans une catégorie à part sont empruntées à quatre ordres d'idées principaux.

1° Les locomotives sont des machines à vapeur sans condensation;

2° Elles fonctionnent avec détente variable par la coulisse;

3° Elles travaillent à une grande vitesse de rotation, 2 à 3 tours et plus par seconde;

4° Elles font un travail en général très-variable.

Sans anticiper sur des développements qui trouveront leur place naturelle plus loin, nous nous bornerons à répondre dès à présent que :

1° Si les machines locomotives ne condensent pas dans un condenseur proprement dit, elles condensent dans l'atmosphère, et que, dans toute machine à vapeur, on doit considérer les chutes de températures; or entre 180°, température de la vapeur sortant de la chaudière, et 100°, température correspondant à l'échappement, il y a 80° de différence, c'est-à-dire la même différence qu'entre les températures de 140° et de 60° qu'on rencontre dans la plupart des machines fixes ou marines à condensation;

2° La détente par la coulisse n'est pas favorable aux introductions réduites, et il y a de ce fait, comme on le verra plus loin, une nouvelle perte d'effet utile qui, sans être exagérée, n'est cependant pas négligeable;

3° La grande vitesse de rotation des machines de locomotives a une influence favorable d'un côté, défavorable de l'autre sur le rendement; d'ailleurs, il y a aujourd'hui des machines qui fonctionnent à des vitesses peu différentes, quelquefois supérieures; il y a des machines de navigation qui donnent 120 tours par minute; sur le yacht *Gitana*, une machine Compound à condensation de Thorneycroft, a donné 350 tours en développant 450 chevaux bruts sur les pistons;

4° Le travail variable que développent généralement les locomotives nécessite, au contraire, des dispositions spéciales, et la mesure de ce travail des précautions particulières sur lesquelles nous reviendrons. Nous ne saurions, en tout cas, voir là d'impossibilité à établir les comparaisons dont nous parlons.

Bien que nous nous proposions uniquement d'étudier l'action de la vapeur dans les cylindres de la machine locomotive, en laissant complétement de côté l'examen des diverses résistances du mécanisme et du véhicule, nous devons signaler ici ce qu'a de singulier, à notre avis, le mode d'évaluation employé pour ces résistances par la plupart des auteurs.

On voit, par exemple, dans le *Mémoire sur la résistance des trains et la puissance des machines*, couronné par la Société en 1867, compter comme suit la résistance d'une machine [1] :

1° Pour les résistances dues au roulement........	5k,22
2° — — au frottement du mécanisme.	4 ,38
3° — — aux frottements additionnels provenant de la pression de la vapeur (valeur approximative)..........................	3 »
Résistance totale par tonne.......	12k,60

Autant il est naturel d'évaluer les résistances au roulement en fonction du poids des machines, autant, malgré l'autorité qui s'attache au nom des auteurs du Mémoire précité, il nous paraît illogique de rapporter à ce poids les frottements de pistons, tiroirs, glissières, têtes de bielles, etc., qui n'ont absolument rien à voir là. De ce mode d'évaluation on devrait conclure que la résistance absolue d'une machiné, en tant que machine à vapeur, est exactement la même, qu'elle marche à vide ou qu'elle remorque un train, et par conséquent la résistance relative variera considérablement selon la puissance développée.

Ainsi, le chiffre de 7k,38 par tonne donnerait, pour une machine pesant 30 tonnes, une résistance totale de 221k,4 qui, à la vitesse de 50 kilomètres à l'heure, représenterait un travail de 51 chevaux, absorbé par les seuls frottements du mécanisme ; ce travail correspondrait à une fraction de 0,18 ou 0,28 pour cent du travail brut sur les pistons, selon que la machine développerait 220 chevaux, comme dans une des expériences citées, ou 145 comme dans une autre.

Nous trouvons de même dans le mémoire de M. Ledoux sur la condensation de la vapeur à l'intérieur des cylindres de machines, cité au commencement de ce travail, la résistance due au mécanisme et à l'accouplement comptée à raison de 10k,50 par tonne de machine et de tender, soit à raison de 577 kil. dans l'espèce. Or, l'effort de traction variant de 636 à 3,122, selon que la vitesse varierait de 70 kilomètres

1. Nous citons ce Mémoire parce que c'est un des ouvrages les plus récents sur la matière, mais le mode d'évaluation dont il est question est donné dans la plupart des traités, le *Guide du Mécanicien*, par exemple.

à l'heure à 31, il en résulterait que les résistances de la machine seraient dans un cas de 47 pour cent. et dans le second de 15 pour cent du travail total.

Bien qu'on doive admettre, ce que confirment d'ailleurs de récentes expériences de la Société industrielle de Mulhouse, que le rendement organique de l'appareil n'est pas tout à fait constant et varie dans certaines limites avec la valeur même du travail, il n'en est pas moins vrai que ces limites sont peu étendues, et que le mode d'évaluation des résistances du mécanisme en fonction du poids de la machine, et surtout du tender, ne peut être considéré comme rationnel.

Il n'y a qu'une manière logique d'évaluer les résistances du mécanisme, c'est de les rapporter au travail brut fourni, comme on le fait pour toutes les machines possibles, et là, pas plus que pour le reste, il n'y a de raisons de mettre la locomotive à part. Les frottements du mécanisme absorbent, par exemple, de 10 à 15 pour cent du travail brut développé sur les pistons; il faut remarquer, d'ailleurs, comme nous l'avons expliqué dans de récentes discussions, que ces frottements ne comprennent que la partie du frottement de l'essieu moteur qui est due à la pression de la vapeur, et que les résistances de la machine considérée comme véhicule doivent être comptées à part, au moyen d'un coefficient convenable, celui, par exemple, de $5^{k},22$ indiqué plus haut ou tout autre. Il n'y a guère de raisons, au moins dans les machines qui ne sortent pas de la moyenne, pour que les résistances au roulement proprement dit (accouplement à part), soient plus grandes par tonne que pour un autre genre de véhicule.

II. — Mesure de la puissance par l'indicateur.

La puissance brute, développée sur les pistons d'une machine à vapeur, se mesure en faisant le produit de la section des pistons par la pression moyenne effective de la vapeur pendant la durée de la course, ce qui donne un effort moyen qui, multiplié par la vitesse des pistons, détermine le travail par seconde en kilogrammètres.

La pression moyenne effective s'obtient au moyen du diagramme relevé à l'indicateur.

Nous ne décrirons pas ici les indicateurs qu'on emploie ordinairement et qui sont bien connus; le principe est toujours le même que celui de l'indicateur dit de Watt, parce qu'il a été, paraît-il, employé d'abord par l'illustre mécanicien. Cet appareil se compose d'un piston de très-petit diamètre qui, mis en communication avec le cylindre à vapeur et pressé par la vapeur, fait plus ou moins fléchir un ressort, de sorte que les positions du piston dans le cylindre sont proportionnelles à la pression de la vapeur dans le grand cylindre. Si on fait reproduire ces positions successives sur une bande de papier qui se déroule, on obtiendra un diagramme représentatif du travail de la vapeur; le traceur de l'indicateur a été pendant longtemps fixé sur la tige même du petit piston; dans des indicateurs plus récents, tel que celui de Richard fort employé actuellement, la course du traceur est amplifiée par rapport à celle du piston, au moyen d'un parallélogramme. Cette disposition, plus compliquée, a pour but de réduire les effets d'inertie, lorsque le piston est brusquement lancé au moment de l'ouverture à l'admission.

Les indicateurs diffèrent surtout par le mode de mouvement du papier sur lequel se trace le diagramme.

Dans l'appareil primitif de Watt, le papier était fixé sur une planchette animée d'un mouvement rectiligne alternatif dans un plan normal à la direction du traceur, ce mouvement étant correspondant à celui du piston de la machine, et déterminé par une combinaison de tringles, levier et cordes. Ce système est très-bon pour des appareils à allure rapide (fig. 1 et 2, pl. 1). Il a du reste été employé par MM. Gouin et Lechatelier dans les expériences faites sur la machine *la Gironde*, au chemin de fer de Versailles et par M. Polonceau au chemin de fer d'Orléans.

Plus tard on a enroulé le papier sur un tambour animé d'un mouvement circulaire alternatif; une corde tirée par le piston de la machine produit la rotation du tambour dans un sens, et un ressort le ramène dans l'autre sens (fig. 8). Ces deux systèmes donnent des courbes fermées, c'est-à-dire, que la partie supérieure forme le diagramme pendant le travail de la vapeur, et la partie inférieure le diagramme pendant l'échappement; de la sorte la surface limitée par le périmètre du diagramme représente réellement le travail effectif de la vapeur.

Ce mode de représentation qui a l'avantage de bien figurer à l'œil le travail développé pendant un tour de l'arbre moteur et qui se prête aux mesures avec la plus grande facilité, a l'inconvénient de ne permettre que le tracé d'un diagramme ou de deux ou trois au plus, sous peine de confusion; il faut donc changer le papier à chaque fois, et cette opération est loin d'être commode sur les locomotives, où l'indicateur étant posé sur les cylindres, l'opérateur est nécessairement placé dans une position excessivement gênante sur le tablier de la machine ou sur la traverse d'avant, ou, dans certains cas, dans une sorte de corbeille qu'on est obligé de suspendre à l'avant des machines.

Pour pouvoir obtenir une série de diagrammes, on a fait mouvoir le papier d'une manière continue ; les courbes ne sont plus alors fermées, mais il est facile de les ramener à la forme ordinaire. Le papier peut encore être mû de diverses manières. Dans l'indicateur de Welkner, le tambour qui donne le mouvement rectiligne continu au papier porte une roue à rochet que font tourner toujours dans le même sens des cliquets portés par un levier manœuvré par la tige du piston à vapeur ; le mouvement du papier est alors encore ici proportionnel à celui du piston.

M. Gooch, au contraire, dans ses célèbres expériences faites sur la machine *Great-Britain*, faisait commander le tambour moteur du papier par l'essieu même de la machine, de sorte que la longueur de papier développée dans un temps donné était proportionnelle à la vitesse et que par suite la longueur correspondant à chaque course de piston était constante (fig. 3, 4 et 5).

Avec les diagrammes continus, la fin et le commencement de chaque course ne sont pas visiblement limités, et cette indécision est fâcheuse en ce qu'elle ne permet pas d'apprécier l'importance de l'avance ou du retard de la distribution. On a paré à cet inconvénient de diverses manières. Dans l'indicateur de Gooch il y a un traceur spécial qui à chaque fin de course reçoit un mouvement du piston de la machine, et fait sur le diagramme un trait qui coupe la ligne des pressions et délimite la course (fig. 5).

Les traceurs sont dans les indicateurs employés ou des crayons ou des pointes en cuivre qui laissent une marque sur un papier préparé au blanc de zinc.

La grande difficulté dans l'application de l'indicateur aux locomotives est l'installation des transmissions destinées à faire mouvoir le papier. Nous avons proposé une disposition qui convient tout particulièrement pour ce genre de machines.

Le papier continu est mû par un mouvement d'horlogerie, sans aucune relation avec la machine. Les fins de course sont indiquées avec une précision absolue par des étincelles électriques qui jaillissent du traceur même des pressions et qui percent le papier à des points correspondants aux fins de course; cet effet est obtenu de la manière la plus simple au moyen de contacts placés sur la tête de la tige de piston et sur les glissières, de sorte qu'à l'instant même où ces contacts viennent à se toucher, le courant électrique est établi et l'étincelle jaillit. Celle-ci peut sortir aussi bien d'un crayon en mine de plomb que d'une pointe en cuivre.

L'effort sur le piston ne suffit pas pour obtenir le travail, il faut encore la vitesse; celle-ci n'est pas donnée par le diagramme. On doit donc faire une observation spéciale pour les nombres de tours, ce qui est un sérieux inconvénient. Nous y avons remédié au moyen d'un compteur à secondes, qui, à chaque seconde, multiple ou fraction de seconde, suivant les cas, établit un courant électrique et fait jaillir une étincelle d'une pointe fixe destinée à tracer la ligne marquant la pression atmosphérique. Les trous faits par l'étincelle sur cette ligne, rapprochés des courses marquées sur le diagramme, permettent de lire à première vue le nombre des courses effectuées dans l'unité de temps. Le diagramme contient donc tout ce qu'il faut pour avoir la mesure du travail effectué.

Si nous ajoutons que le papier ne se déroule que lorsque l'on veut relever les diagrammes et que sa mise en train peut s'opérer à une distance quelconque au moyen d'un encliquetage électrique, on comprendra que cet appareil, qui n'exige pas auprès de lui la présence de l'opérateur, est extrêmement commode de maniement.

Il est, en ce moment, en expérimentation sur un chemin de fer étranger. La figure 7 représente la forme des diagrammes que l'on obtient avec cet indicateur, et la figure 6, la transformation des diagrammes à mouvement uniformément continu du papier en diagrammes alternatifs.

On s'est beaucoup préoccupé de l'influence de la vitesse de fonctionnement sur l'exactitude des tracés d'indicateur, et on a cherché à échapper à cette influence de diverses manières.

On a commencé par faire des pistons d'indicateur de petit diamètre et de faible masse, en aluminium par exemple. M. Eugène Bourdon, l'éminent mécanicien, avait, il y déjà longtemps, proposé un indicateur à tube cintré, disposé sur le principe de son manomètre métallique. Il a récemment fait un indicateur formé d'un tube tordu en hélice, que la pression intérieure tend à redresser; cet indicateur est en ce moment en expérimentation au chemin de fer d'Orléans.

M. Marcel Déprez, de son côté, a réalisé un appareil dans lequel le diagramme se trace par portions successives de faible hauteur, de manière à ne permettre au piston qu'un faible déplacement vertical à chaque course. Cette disposition, excellente pour des machines à travail très-uniforme, nous semble moins convenable pour les machines locomotives où le travail est variable; on peut craindre que le diagramme obtenu, au lieu d'être la courbe *moyenne*, ne représente quelquefois qu'un *composé non défini* d'un certain nombre de coups de piston.

Nous croyons qu'on s'est exagéré l'importance de la déformation des diagrammes. Cette déformation est, en général, accusée par une partie en dent de scie à l'origine de la course, partie qu'il est facile de rectifier. Du reste le relevé simultané fait sur la même machine de diagrammes tracés par un indicateur Bourdon et par un indicateur ordinaire va permettre d'élucider cette question et d'apprécier l'importance pratique de cette cause d'erreur.

Il serait beaucoup plus utile, à notre avis, de se préoccuper des condensations et revaporisations qui se produisent dans le cylindre de l'indicateur, quel que soit son système, comme dans le cylindre à vapeur, lesquelles réduisent la pression pendant l'admission et l'accroissent pendant la détente et l'échappement, si le conduit n'a pas une section suffisante; c'est au cylindre et aux conduits qu'il serait utile d'appliquer les revêtements dont nous parlerons plus loin pour les cylindres des machines.

On doit rappeler ici que l'indicateur, cette balance minuscule qui peut peser des centaines et des milliers de chevaux, ne sert pas seulement à évaluer la puissance des machines; il donne encore des indications précieuses sur la régulation des organes de distribution, et permet, comme nous le verrons plus loin, de se rendre compte de ce qui se passe dans les cylindres. Mais il est juste de dire aussi qu'on ne doit pas lui demander plus qu'il ne peut donner, et que, comme il n'accuse dans le cylindre que la présence de la vapeur proprement dite, il est par cela même incapable de donner *toujours* l'indication exacte de la dépense de vapeur. D'énormes erreurs ont été ainsi commises, lorsqu'on a voulu estimer directement par les diagrammes d'indicateur la consommation des machines.

III. — Expériences faites sur les locomotives.

Nous allons passer en revue les principales expériences qui ont été faites sur les locomotives, dans le but d'étudier le travail de la vapeur dans les cylindres et la consommation d'eau correspondant à un travail donné; nous discuterons ensuite ces expériences et nous en tirerons, autant que possible, des conclusions relativement à la manière dont se comporte la vapeur dans les machines qui nous occupent et aux moyens à employer pour en accroître l'utilisation.

Mais, pour qu'on puisse en quelque sorte établir la philosophie de ces expériences et en dégager des conclusions logiques, il est nécessaire de rappeler préalablement certains principes de la théorie de la machine à vapeur; non pas de la *théorie générique*, selon l'expression de M. Hirn, théorie qui raisonne sur des machines non matérielles et qui ne tient aucun compte des faits, mais de la théorie *pratique*, telle qu'elle commence à être admise généralement même dans l'enseignement, bien que dans certaines écoles on continue encore à ne pas lui accorder la plus légère attention.

Si nous considérons un cylindre à vapeur matériel contenant un piston muni d'une tige, tous deux également matériels, au moment où, le piston se trouvant à fin de course, son mouvement en avant va commencer, les surfaces correspondant à l'espace où s'introduit la vapeur pour chasser le piston, sont à une température plus basse que celle de la vapeur qui afflue de la chaudière; de plus, dès que le piston a avancé de plus de longueur que sa propre épaisseur, la vapeur se trouve en contact avec des parois qui ont été refroidies pendant la course précédente; il se condensera donc dès l'ouverture à l'admission, et pendant celle-ci, une quantité de vapeur suffisante pour ramener l'équilibre de température entre les parois du cylindre et la vapeur, et l'eau condensée se déposera sous forme de rosée sur toutes les parois qui correspondent au volume décrit par le piston pendant l'admission. Quand celle-ci cesse, et que la détente commence, le volume augmente et la pression baisse, d'abord par le fait même de l'accroissement de volume, puis par le fait du refroidissement dû au travail lui-même, et enfin parce que la vapeur se trouve à mesure de l'avancement du piston en contact avec des parois refroidies pendant la course précédente. Mais alors l'eau qui figure à l'état de rosée, et qui est à la température initiale de la vapeur, se trouvant en présence d'un milieu à une pression plus basse que celle qui correspond à la température de l'eau, celle-ci se met à bouillir et se vaporise, d'abord aux dépens de sa chaleur propre, puis, celle-ci épuisée, aux dépens de la chaleur du cylindre qui se refroidit; la vapeur qui se forme se joint à celle qui existe déjà dans le cylindre pour relever la pression, ce qu'on constate d'une manière très-nette sur les diagrammes où la courbe des pressions est, dans les machines à notable détente sans réchauffement, toujours *surélevée.*

Quand l'échappement commence, la pression baisse encore et l'eau qui n'est pas encore vaporisée passe en vapeur à son tour, mais cette fois sans produire de travail utile, et au contraire en augmentant la contre-pression, et de plus en refroidissant encore le cylindre, qui tombe à la température correspondant à la pression pendant l'échappement. Lorsqu'on introduit de nouveau la vapeur, il se produit une nouvelle condensation pour ramener les parois à la température de la vapeur, et ainsi de suite.

Cette quantité de vapeur qui se condense pendant l'admission doit être ajoutée à la quantité de vapeur que le diagramme indique à l'origine de la détente, pour avoir la dépense réelle. C'est pour cela que le diagramme seul est insuffisant pour donner des renseignements exacts sur la dépense effective. Nous nous bornons à cet exposé très-sommaire pour le moment, nous réservant de traiter plus loin la question d'une manière complète.

Nous ferons remarquer seulement que, dans tout ce qui précède, nous avons toujours employé l'expression générale de parois du cylindre, sans spécifier la nature de ces parois, parce qu'en réalité ce n'est pas seulement la paroi métallique proprement dite qui est en jeu, comme on le verra.

Dès l'origine des locomotives, c'est-à-dire, surtout depuis le célèbre concours de Rainhill en 1829, on se préoccupa particulièrement d'élucider les questions de résistance des véhicules. On ne s'occupait pas à cette époque du travail de la vapeur, aussi ne trouve-t-on que peu de choses à cet égard dans les ouvrages de Wood, de Tredgold, etc. Les idées que nous signalions au commencement de ce travail se manifestaient déjà, ainsi que nous voyons dans la *Description de la locomotive de Stephenson*, traduite de l'anglais par M. Mellet en 1839 :

« La force d'une machine locomotive ne peut pas être mesurée aussi exactement et de la même manière que celle des autres machines à vapeur, en évaluant l'effet utile sur le piston et la rapidité de la marche, car il est très-difficile de déterminer la pression effective sur le piston, à cause de la différence quelquefois considérable qui existe entre celle-ci et celle de la chaudière et à cause de la grande résistance de la vapeur de décharge, occasionnée par la rapidité du mouvement du piston. La force est en outre différente à différentes vitesses, puisque ces circonstances varient avec celles-ci. Il n'y a donc, pour évaluer la force d'une locomotive aucun autre moyen rigoureux que de déduire cette force du travail que peut accomplir la machine. »

Nous avons cependant cherché à nous rendre compte, d'après les chiffres d'expériences contenus dans le *Traité des chemins de fer* de Wood, traduit par MM. de Montricher, de Franqueville et de Ruolz en 1836, de ce que pouvait être à l'origine la consommation d'eau des locomotives rapportée à l'unité de puissance.

Il a fallu calculer celle-ci d'après la charge traînée sur niveau à une vitesse connue; les résistances, soit de la voie, soit des machines, devaient être relativement considérables. En faisant le calcul pour les machines la *Rocket* de Stephenson, la *Sans-Pareil* de Hackworth, toutes deux figurant au concours de Rainhill, et les machines plus perfectionnées de Stephenson, *Atlas* et *Vesta*, du chemin de fer de Liverpool à Manchester, on trouve les résultats suivants :

Tableau A.

NOMS des MACHINES.	NOMBRE DE TOURS par minute.	TRACTION à la JANTE.	VITESSE par SECONDE.	TRAVAIL BRUT sur les pistons [1].	CONSOMMATION D'EAU par cheval brut et par heure.
Rocket.......	85	85k.75	6m.27	7ch 15	60lit
Sans-Pareil. .	95	99	6 .70	8 .75	65
Atlas.......	56	836k	4 .44	60 .00	22.5
Vesta.......	152	220	12 .11	42 .7	40

1. On a estimé le travail brut sur les pistons à 1,2 du travail net à la jante des roues.

On comprend que les chiffres de consommation d'eau indiqués dans le tableau ci-dessus ne peuvent comporter une grande précision à cause de la difficulté de calculer le travail exactement développé sur les pistons. Ils présentent néanmoins un certain intérêt au point de vue de la comparaison à établir entre ces diverses machines.

Les dépenses d'eau de 60 et 65 kilogrammes par cheval brut et par heure, indiquées pour les deux machines du concours de Rainhill, n'ont rien assurément d'extraordinaire, si on considère que ces machines avaient leurs soupapes de sûreté chargées à 50 livres par pouce carré, soit 3,4 atmosphères effectifs, et qu'à ces faibles pressions, la contre-pression élevée par un échappement probablement très-gêné, devait réduire considérablement la pression moyenne motrice. La concordance des deux chiffres de 60 et 65 litres est en tout cas remarquable.

Ces deux machines marchaient d'ailleurs à un nombre de tours élevé pour l'époque, et l'imperfection de la distribution devait donner lieu à une très-médiocre utilisation.

L'influence de la vitesse est surtout remarquable dans le cas des deux machines *Atlas* et *Vesta*. La première de ces machines avait six roues dont quatre accouplées, et traînait à faible vitesse des trains de marchandises, tandis que la seconde à roues libres faisait un service de voyageurs. Ces machines avaient une distribution assez primitive, mais cependant avec une certaine avance.

Ainsi, dans la première, l'introduction avait lieu pendant 0,93 de la course et l'échappement commençait à 0,96. Dans la machine *Vesta* l'excentrique pouvait varier de position de manière à admettre la vapeur de 0,93 à 0,97 de la course, variation absolument insignifiante, surtout en présence du jeu inévitable des nombreuses articulations qu'on employait alors pour la transmission des tiroirs. Malgré ces raffinements, la machine *Vesta* consommait, en fonctionnant à 152 tours, presque le double de ce que dépensait l'*Atlas* à 56 tours, cela tient évidemment à ce qu'à un grand nombre de tours l'admission était gênée et surtout l'échappement étranglé, circonstances de nature à réduire notablement la pression moyenne effective.

Tout le monde sait qu'une modification plus radicale de la distribution faite sur les locomotives importées d'Angleterre pour les chemins de fer de Versailles et de Saint-Germain, sous la direction de M. Clapeyron, a immédiatement entraîné une économie considérable de vapeur.

Le chiffre de 22,5 kilogrammes indiqué pour la consommation par heure et par cheval brut de la machine *Atlas*, peut sembler bien bas alors que, comme on le verra plus loin, nos machines actuelles dépensent souvent autant ; ce chiffre est cependant très-vraisemblable.

Cette machine introduisait pendant 0,93 de la course ; or pour produire dans ces conditions un cheval brut avec de la vapeur à 5 atmosphères effectifs à la chaudière, il faut dépenser par heure à peu près

5,100 litres de vapeur pesant 17k,7 ; si on ajoute 20 pour cent pour les pertes diverses, l'eau entraînée, etc., on arrivera à très-peu près au chiffre de 22 kilogrammes. Ce résultat tient à ce que dans ces machines fonctionnant à des pressions très-faibles et sans détente sensible, les pertes par condensations intérieures étaient à peu près nulles. Il est assez humiliant, on ne saurait le nier, d'être obligé de constater que nos machines modernes, en apparence si perfectionnées, dépensent quelquefois autant que les machines de Stephenson qui fonctionnaient, il y a quarante ans, sur le chemin de fer de Liverpool à Manchester.

Nous avons cru intéressant de dresser un tableau des dimensions et résultats correspondant au développement de la puissance dans les quatre types des machines primitives dont il vient d'être question.

Tableau B.

NOM DES MACHINES.	ROCKET.	SANS-PAREIL.	ATLAS.	VESTA.
Nombre de tours par minute.....	85	95	56	152
Vitesse en kilomètres à l'heure...	22k.6	24.2	16	43.6
Rapport des surfaces de chauffe directe et totale.............	1/6.9	1/5.8	1/4.7	1/5.7
Puissance brute sur les pistons....	7ch.15	8.75	60	43
Dépense d'eau par cheval brut et par heure.................	60lit	65	22.5	40
Nombre de chevaux par mètre carré de grille.................	12.8	9.51	70	65
Nombre de chevaux par mètre carré de chauffe................	0.56	1.05	2.55	1.76
Eau vaporisée par mètre carré de chauffe et par heure.........	33.5	68	51	70

On voit, d'après le tableau ci-dessus, qu'en général la production de vapeur par mètre carré de surface de chauffe était considérable. Cela tient, en faisant la part d'un certain entraînement d'eau, à ce que la surface directe était très-grande par rapport à la surface totale ; ce rapport varie, en effet, de $\frac{1}{4.8}$ à $\frac{1}{6}$ tandis que dans les machines actuelles, il est très-rarement de $\frac{1}{10}$ et s'abaisse fréquemment à $\frac{1}{15}$ et même exceptionnellement aux environs de $\frac{1}{20}$. La vaporisation rapportée au kilogramme de combustible est alors un peu moindre parce que les gaz sortent plus chauds; cependant les machines du chemin de Liverpool à Manchester vaporisaient 7.33 d'eau pour 1 de coke.

On voit que, grâce à la valeur plus élevée du rapport des surfaces de chauffe et aussi probablement à la disposition de cette surface formée d'un gros carneau au lieu de petits tubes, les éléments du générateur ont été plus efficaces dans la *Sans-Pareil* que dans la *Rocket*. Somme toute, la première de ces machines était très-remarquable et faisait grand honneur à son constructeur Hackworth, qui avait déjà depuis longtemps travaillé au perfectionnement des locomotives.

Sans une série d'accidents qui vinrent gêner les essais de sa machine, le résultat du concours aurait pu être incertain. Quoi qu'il en soit, le nom de Hackworth mérite d'être rappelé à côté de celui de Stephenson, et on a pu dire, sans trop d'exagération, que si Georges Stephenson était le père des chemins de fer, Timothy Hackworth pouvait être appelé le père des locomotives.

Entre 1834 et 1836, un ingénieur français, le comte G. de Pambour, fit sur les locomotives des chemins de fer de Liverpool à Manchester et de Darlington de nombreuses expériences qui sont relatées dans son *Traité théorique et pratique des machines locomotives*, dont la seconde édition a été publiée en 1840 à Paris. C'est un ouvrage, d'ailleurs, complétement oublié aujourd'hui et qui n'a qu'un intérêt historique. Nous n'y rechercherons que ce qui est relatif à la dépense de vapeur.

En comparant le poids d'eau mesuré dans le tender et introduit dans la chaudière, avec le poids de vapeur calculé au moyen du volume décrit par les pistons se mouvant aux vitesses observées, M. de Pambour trouva invariablement une différence notable toujours trop considérable pour qu'on put l'attribuer à des fuites ou des pertes de vapeur analogues; les refroidissements extérieurs étant sans influence sensible de ce fait que les cylindres, boîtes à tiroirs et conduits de vapeur étaient logés dans les boîtes à fumée.

Cette perte variait de 9 à 32 pour cent du poids total d'eau vaporisée à la chaudière, la moyenne des expériences étant de 24 pour cent. On a fait observer que M. de Pambour ayant à tort supposé la pression de la vapeur égale dans les cylindres et dans la chaudière, le poids de vapeur trouvé par lui dans les cylindres devait être moindre et la perte en réalité plus considérable que celle qu'il avait indiquée. Cette observation est juste en principe, mais nous croyons qu'elle ne doit pas avoir une application trop générale dans le cas particulier dont il s'agit.

Les vitesses de marche étaient modérées, et dans ces machines les conduits de vapeur avaient de grandes dimensions ; ainsi on trouve des diamètres de tuyaux de 76 à 95 millimètres, pour des diamètres de cylindres de $0^m,28$ à $0^m,38$ au maximum.

Les auteurs du *Guide du mécanicien*, concluent toutefois, pour la raison indiquée ci-dessus, qu'on peut estimer, que dans les expériences de M. de Pambour, la perte d'eau entraînée et *de vapeur condensée dans les cylindres* s'élevait en moyenne de 30 à 40 pour cent.

Nous venons de souligner les mots *vapeur condensée dans les cylindres*, parce qu'ils appartiennent aux auteurs du *Guide*, et que, dans l'ouvrage de M. de Pambour, il n'est fait aucune allusion à une condensation possible dans les cylindres. L'auteur, en effet, et bien d'autres à sa suite n'hésitèrent pas à attribuer à l'entraînement de l'eau la totalité ou à peu près de la différence dont il s'agit; et, chose étrange, malgré les expériences ultérieures et l'avertissement très-net du *Guide du mécanicien*, nous verrons, trente ans après M. de Pambour, des Ingénieurs distingués tomber dans la même erreur que lui et tirer la même conclusion d'observations imparfaites.

C'est ainsi que les entraînements d'eau de plus de 30 pour cent se sont transmis jusqu'à notre époque et sont encore acceptés sans discussion par bien des gens. Les faits de la pratique sont pourtant en opposition formelle avec ces hypothèses.

Ainsi, les énormes sécheurs installés sur certaines machines du chemin de fer du Nord, sécheurs dont la surface atteignait 1/15° de la surface de chauffe de la chaudière n'ont donné qu'une augmentation de vaporisation insignifiante.

Le 3 avril 1843 M. Combes présenta à l'Académie des sciences une note sur les machines à vapeur; cette note renferme des aperçus fort remarquables sur la manière dont se comporte la vapeur dans les cylindres. On doit dire que cette note avait été suggérée à l'auteur par des constatations faites dans des expériences à l'indicateur effectuées par notre regretté professeur Thomas, sur des machines détendant notablement sans enveloppe de vapeur.

Voici les conclusions de M. Combes : Dans la plupart des machines à vapeur, et probablement dans toutes, une partie de la vapeur admise au cylindre se liquéfie immédiatement par l'action refroidissante des parois du cylindre dont la capacité était quelques instants avant en communication avec le condenseur; il se forme dans le cylindre de l'eau liquide aux dépens de la vapeur admise, indépendamment de celle qui peut être entraînée à l'état globulaire de la chaudière dans le cylindre.

L'eau liquéfiée se vaporise de nouveau pendant la détente, de sorte que de nouvelles quantités de vapeur s'ajoutent pendant cette détente à la vapeur déjà existante; c'est ce qui fait que les tensions diminuent moins rapidement que suivant la raison inverse des volumes.

Dans les machines dont les cylindres sont enveloppés de vapeur et exposés ainsi à une source de chaleur extérieure, la totalité de l'eau liquéfiée est vaporisée de nouveau lorsque le piston arrive à fin de course, pourvu toutefois que l'espace occupé par la vapeur à fin de course soit égal à deux ou trois fois son volume primitif.

M. Combe avait signalé le mode d'action véritable de la vapeur dans les cylindres à détente sans enveloppe, et il est singulier que cette explication si nette développée par l'auteur dans la théorie des machines à vapeur contenue dans son *Traité d'exploitation des mines*, paru en 1845, semble avoir été, pendant tant d'années, presque entièrement méconnue.

En 1843 et 1844, M. Le Chatelier fit des expériences sur la machine *Mulhouse* construite par M. J.-J. Meyer, et munie de la détente variable à double tiroir de ce constructeur. De la comparaison du volume et du poids théorique de vapeur dépensée avec la quantité d'eau consommée, on a déduit que le poids théorique de vapeur dépensée n'était que de 50 à 62 pour cent suivant que la détente était plus ou moins prolongée; la moyenne de la perte étant 32 pour cent. Comme on a négligé la perte de pression entre la chaudière et le cylindre, ces nombres doivent être augmentés en réalité, et il y avait impossibilité absolue de les attribuer à l'entraînement d'eau, d'autant plus que, disent les auteurs du *Guide du mécanicien*, la machine expérimentée était dans des conditions assez favorables pour éviter l'entraînement de l'eau, l'espace conservé pour le réservoir ayant une assez grande hauteur et le dôme de prise de vapeur étant placé vers l'avant. Cette machine fonctionnait avec des admissions minima de 0,20.

MM. Gouin et Le Chatelier firent sur la machine à détente fixe *la Gironde*, construite au Creusot, des expériences au moyen de l'indicateur de Watt. Ce mode d'opérer permettait de connaître plus rigoureusement que dans les expériences précédentes le poids de vapeur admis dans les cylindres. On trouva, en moyenne, une déperdition d'eau de 18 pour cent.

Ce résultat, comparé avec ceux de la machine précédente, si l'on tient compte de ce que les conditions d'entraînement d'eau étaient sensiblement les mêmes, vient incontestablement de ce que la détente était très-peu prolongée.

Les expériences de MM. Bertera et Polonceau établissent encore mieux la relation de la déperdition et de la détente. A 25 pour cent d'admission sur une machine à marchandises du chemin de fer d'Orléans, la déperdition atteignait 52 pour cent en moyenne, tandis que sur une machine à voyageurs de la même ligne travaillant à 35 pour cent d'admission, la moyenne des déperditions était seulement de 42 pour cent.

Cette différence ne peut évidemment pas tenir au plus ou moins d'entraînement. Dans ces expériences le poids de vapeur existant aux cylindres était apprécié d'après les diagrammes d'indicateur.

M. D. Gooch a fait, de 1849 à 1851, des expériences très-importantes sur la machine *Great-Britain* du chemin de fer à large voie du Great-Western, avec application de l'indicateur.

Nous croyons devoir rappeler ici les principales dimensions de ce type célèbre de machine, d'une puissance extraordinaire pour l'époque.

Diamètre des pistons.	0^{m},457
Course —	0^{m},609
Diamètres des roues motrices.	2^{m},138
— des roues de support. . . .	1^{m},372
Pression effective.	$6^{atm.}$,8
Surface de grille.	1.953
Surface de chauffe du foyer.	14.229
— des tubes.	167.40
— totale.	181.63
Nombre de tubes.	305
Poids en service.	36,000 kilogrammes.
— adhérent.	12,500 —

A la vitesse de 97 kilomètres à l'heure (60 milles anglais), correspondant à 210 tours de roues par minute, cette machine a vaporisé 8,500 litres à l'heure, soit 47 litres par mètre carré de surface de chauffe et par heure; M. Gooch estimait la puissance possible de vaporisation à un taux encore plus élevé, correspondant à 55 kilogrammes par mètre carré et par heure.

Dans les expériences de M. Gooch sur la machine *Great-Britain*, expériences relatées très au long dans le grand ouvrage de M. D.-K. Clark, *Railway-Machinery*, auquel nous empruntons ce qui suit, on relevait des diagrammes d'indicateur à des intervalles réguliers, généralement d'un mille (1,609 mètres); comme on connaissait, pour chaque cran du secteur, les points où commençait la détente, l'échappement, la compression, etc., on pouvait déduire des diagrammes le poids de vapeur admis au cylindre.

Les expériences dont nous nous occupons ont été faites en deux séries; dans la première, le recouvrement extérieur des tiroirs était de $0^{m},0253$, le recouvrement intérieur de 1 millimètre 1/2; pour la seconde série d'expériences, le recouvrement extérieur fut porté à 0,0293, le recouvrement intérieur n'étant pas altéré, cette modification ayant pour but de réduire la longueur de l'admission de la vapeur. Dans ces conditions, on fit un grand nombre de relevés de diagrammes à différentes vitesses et à trois crans successifs du secteur. Le tableau ci-dessous indique les dépenses de vapeur *apparente* au cylindre, d'après l'introduction, pour un cheval brut de puissance développé sur les pistons, la dépense étant composée du poids de vapeur existant au cylindre au commencement de la détente, espace neutre compris, diminué du poids de vapeur existant au commencement de la compression, espace neutre compris également. Dans ces expériences, on a été plus loin, on ne s'est pas borné à considérer le poids de vapeur existant au commencement de la détente, on a encore considéré le poids de vapeur existant à la fin de celle-ci, c'est-à-dire au moment où l'échappement va s'ouvrir; c'est ce que les auteurs anglais appellent *équivalents d'eau initial et final;* la comparaison de ces deux équivalents est très-instructive au point de vue de la loi de la détente pratique dans les cylindres. On a inscrit dans chaque ligne correspondante, à une certaine admission, le rapport de ces équivalents estimé en fractions de l'équivalent initial, avec le sens de la valeur de ce rapport, sens positif ou négatif suivant les cas. Rappelons ici que la machine expérimentée avait ses cylindres intérieurs et logés dans la boîte à fumée, baignés par conséquent par les gaz chauds sortant des tubes. Il ne paraît pas avoir été fait de mesure directe de l'eau consommée.

Tableau C.

SÉRIE.	CRAN du SECTEUR de détente.	ADMISSION en centièmes de la course.	NOMBRE de tours par minute.	DÉPENSE *apparente* d'eau par cheval brut et par heure (poids initial[1]).	RAPPORT des équivalents d'eau initial et final rapportés à l'équivalent initial
				kg.	0/0
1	1	0,736	38.5 à 192.5	15 960	— 1.2
1	3	0,593	38.5 à 220.4	12.786	— 1.1
1	5	0,400	38.5 à 196.7	10.473	+ 3.3
2	1	0,666	52.5 à 189.0	12.833	— 3
2	3	0,471	59.5 à 192.5	11.176	— 5.4
2	5	0,292	59.5 à 196.0	9.113	— 2.3

1. Les chiffres de la 5e colonne sont chacun la moyenne de 8 ou 10 expériences faites avec chaque cran de détente, à des nombres de tours différents, variant entre les limites indiquées dans la colonne 4.

Les chiffres de la colonne 5 du tableau précédent, c'est-à-dire les dépenses *apparentes* de vapeur par heure et par cheval brut, ne présentent pas par elles-mêmes un intérêt direct, puisque pour arriver à la dépense pratique en eau d'alimentation, il faut passer par un coefficient dont la valeur nous est inconnue à priori. L'examen des chiffres de la colonne 6 nous révèle, au contraire, un fait intéressant, c'est qu'il n'y a pas eu *en général* revaporisation pendant la détente; au contraire, il y a eu condensation, puisque l'équivalent final est moindre que l'équivalent initial; nous disons en général parce que, au contraire, la moyenne des expériences au cran 5 de la seconde série a montré une revaporisation assez notable pendant la détente, puisque l'équivalent final a donné 3,3 pour cent de vapeur de plus à la fin de la détente qu'au commencement. Il y a là une anomalie impossible à expliquer; l'ensemble des résultats ne montre d'ailleurs pas de relation bien définie entre eux.

On a invoqué l'influence de la position des cylindres dans la boîte à fumée pour expliquer l'absence de revaporisation pendant la détente; il y aurait à discuter cette influence, ce que nous ferons plus loin, mais cela n'expliquerait pas pourquoi, à une admission de 4/10, il y a eu revaporisation notable, et qu'il y a eu au contraire condensation à 3/10. M. Gooch a conclu également que la vitesse de fonctionnement était sans influence sensible sur les résultats obtenus. Il ne faut pas oublier que dans la machine expérimentée les dimensions de passages, tuyaux, etc., étaient relativement considérables.

On peut dire que les expériences de M. Gooch sont malheureusement de peu d'utilité à cause de l'omission de l'observation des éléments les plus importants, tels que les poids d'eau réellement dépensée, les pressions, etc. Ces expériences incomplètes ont conduit leur auteur à des conclusions erronées au sujet de la dépense de vapeur par cheval; il avait, d'après ses diagrammes, cru pouvoir avancer que cette dépense était descendue à 19 livres ou 8k,60 par cheval indiqué; ces chiffres, dont l'impossibilité est bien facile à reconnaître, ont contribué à accréditer des idées très-inexactes sur cette question.

M. D.-K. Clark, auteur du célèbre ouvrage dont il a déjà été question, a fait de nombreuses expériences qui ont fait encore avancer la question. Ces expériences ont été faites particulièrement sur les machines du *Caledonian*, *Greenock*, *Edinburgh and Glascow Railway*, en 1850.

On eut soin de mesurer les quantités d'eau vaporisées. De la comparaison de ces quantités avec les poids de vapeur présents aux cylindres, on déduisait la déperdition d'eau. M. Clark a cherché à établir la répartition entre la déperdition par entraînement et la déperdition par condensation dans les cylindres, et il s'est servi pour y arriver de considérations qui nous semblent prêter le flanc à la critique. Il paraît être parti d'un point de départ suggéré probablement par les expériences précédentes, c'est-à-dire que dans les cylindres plongés dans les gaz chauds il n'y a pas de condensation, tout au moins pour des expansions modérées.

Sur les diagrammes d'indicateur obtenus sur les machines, on relevait les équivalents d'eau final et initial, et on établissait la différence de ces quantités rapportée à l'équivalent initial, comme on l'a fait pour la machine précédente; et on a cherché à établir une relation entre cette différence et l'expansion à laquelle la vapeur était soumise dans les cylindres.

Voici un tableau qui donne cette relation d'après les moyennes déduites d'un grand nombre d'expériences, soit pour les cylindres extérieurs, soit pour les cylindres intérieurs.

On a indiqué l'admission *apparente* en fonction de la course et en même temps l'expansion *réelle* correspondante, c'est-à-dire le volume final occupé par la vapeur à la fin de la détente, espaces neutres compris, le volume initial, espaces neutres compris également, étant pris pour unité.

Tableau D.

ADMISSION EN FRACTION de la course.	EXPANSION RÉELLE de la vapeur.	RAPPORT DES ÉQUIVALENTS D'EAU FINAL ET INITIAL rapporté à l'équivalent initial.	
		Cylindres extérieurs.	Cylindres intérieurs.
0,525	1.50	— 1 25	— 3
0,50	1.53	0	»
0,325	2.00	+ 17.84	0
0,19	2.50	+ 36.25	+ 3
0,13	3.00	+ 55.00	+ 6
»	3.50	+ 73.75	»
»	4.00	+ 92.5	»

Si l'on fait un tracé graphique en prenant pour abscisses les expansions et pour ordonnées les différences des équivalents contenues dans les deux dernières colonnes du tableau précédent, on trouve (fig. 9) que les sommets de ces ordonnées se trouvent sur une ligne droite très-inclinée pour les cylindres extérieurs et beaucoup plus rapprochée de l'horizontale pour les cylindres intérieurs. Au moyen de ces lignes, M. Clark a formé un autre tableau donnant les différences rapportées à des admissions apparentes régulièrement espacées pour les cylindres extérieurs.

Tableau E.

ADMISSION EN FRACTION de la course.	EXPANSION RÉELLE.	DIFFÉRENCE des ÉQUIVALENTS D'EAU rapportée à l'équivalent initial.	ÉQUIVALENT FINAL / ÉQUIVALENT INITIAL.
0,735	1.22	— 12	0 88
0,60	1.40	— 5	0.95
0,50	1.54	0	0
0,40	1.48	+ 9.4	1.094
0,30	2.07	+ 19.9	1.199
0,20	2.45	+ 34.1	1.341
0,12	3.17	+ 61.1	1.611

Maintenant, de ce que pour une admission de 0,735 on constate une condensation égale à 12 pour cent, produite pendant la détente, considérant comme probable qu'il y a eu au moins autant de perte par condensation pendant l'admission, alors que le cylindre était au moins aussi froid, et que, s'il y a 12 pour cent de perte par condensation pour une admission aussi longue, il y en aura au moins autant pour des admissions moindres, M. Clark adopte d'une manière générale une perte de 12 pour cent par condensation dans les cylindres non protégés, pour toutes les admissions comprises entre la course entière et la moitié de la course.

Il est bien entendu, d'ailleurs, que la valeur zéro attribuée pour l'admission à 50 pour cent signifie tout simplement que la vapeur condensée pendant la première partie de la détente est revaporisée pendant la suite et ne donne aucune indication pour la quantité qui a pu se condenser pendant l'admission. Les mêmes considérations montrent que, pour des admissions plus courtes, les pertes indiquées par l'excès de vapeur accusé à la fin de la détente par le diagramme sont moindres que la perte totale, et alors pour arriver à une valeur approximative de la perte totale par condensation, on ajoute 12 pour cent à toutes les pertes indiquées pour les admissions au-dessous de 50 pour cent.

On arrive ainsi aux valeurs suivantes :

Tableau F.

ADMISSION.	CONDENSATION CONSTANTE.	VAPEUR CONDENSÉE en parties de la vapeur indiquée.	VAPEUR CONDENSÉE en parties de la vapeur totale.
0,735	12	12	10.7
0,60	12	12	10.7
0,50	12	12	10.7
0,40	12	21.4	18.0
0,30	12	31.9	24.2
0,20	12	46.1	31.6
0,12	12	73.1	42.2

M. Clark a appliqué ce mode d'opérer à un grand nombre de locomotives; nous nous bornerons, pour achever l'exposé de sa méthode, à donner les résultats trouvés pour la machine n° 42 du *Caledonian Railway*, faisant le service de trains express.

Tableau G.

Numéros des SECTIONS.	ADMISSION.	Vapeur condensée en parties de la vapeur indiquée.	Vapeur condensée en parties de la vapeur totale.	EAU entraînée.	Perte totale en parties de l'eau mesurée.
1	0,45	16.5	14	0	14
2	0,54	12	10	0	10
3	0,50	12	10	5.4	15.4
4	0,40	21	16.5	5	21.5
Trajet total.	0,45	16.5	13	3.2	16.2

Comme on le voit par l'examen du tableau précédent, la comparaison de la perte totale par condensation, appréciée comme il a été expliqué, avec le poids d'eau mesuré au tender, en tenant compte de la vapeur présente au cylindre, conduit à conclure en apparence, dans certains cas, à un entraînement d'eau égal à zéro ; mais il ne faut pas aller si loin, parce qu'une partie de l'excès de vapeur trouvé au cylindre à la fin de la détente (partie minime, il est vrai) peut provenir de la présence de l'eau entraînée mécaniquement. Nous ne suivrons pas M. Clark dans ses appréciations sur l'évaluation de la proportion d'eau entraînée. Nous nous contenterons de donner les principales conclusions auxquelles l'ont conduit les expériences précédentes.

1° Quand la vapeur est admise au cylindre, il y a une condensation plus ou moins considérable pendant l'admission, et cette condensation se continue en partie pendant l'expansion ; la chaleur qui en provient est absorbée par les parois du cylindre et les réchauffe. Une partie de cette chaleur est perdue, mais une partie demeure emmagasinée et est ensuite absorbée par la vapeur précipitée pendant l'expansion si celle-ci est prolongée suffisamment, c'est-à-dire jusqu'à ce que la température tombe au-dessous de celle du cylindre.

2° Il s'en suit que le poids de vapeur existant au cylindre au moment de la fermeture de l'admission est moindre que celui qui existe à l'ouverture à l'échappement, si l'expansion est considérable.

3° L'inégalité de ces poids de vapeur ne paraît pas être influencée par la vitesse de fonctionnement.

4° L'eau condensée pendant l'admission ne se revaporise pas tout entière ; la quantité de vapeur réellement entrée au cylindre est donc supérieure à celle que dénote le diagramme d'indicateur.

5° Pour prévenir la condensation à l'intérieur des cylindres, il ne suffit pas de protéger ceux-ci par des matières isolantes; il faut chercher à les maintenir par des moyens extérieurs à la température initiale de la vapeur.

6° Les pertes par condensation sont tellement importantes avec les cylindres extérieurs, qu'on doit considérer les introductions inférieures à 30 centièmes de la course comme tout à fait défavorables à l'économie de vapeur.

On contestait déjà à cette époque l'utilité de la détente variable, et des ingénieurs de chemins de fer considéraient comme suffisants les systèmes de changement de marche à fourchettes, dits *gab-motion*, donnant une détente fixe; on sait que les machines du type Buddicom ont conservé ce genre de distribution jusqu'à une époque qui n'est pas éloignée de nous. Notre collègue, M. Jules Morandiere, nous a même affirmé qu'on pouvait encore aujourd'hui en rencontrer quelques spécimens au chemin de fer de l'Ouest.

On trouvera peut-être que nous avons exposé très-longuement la méthode de Clark pour l'appréciation de la dépense de vapeur. Ce n'est pas que cette méthode nous paraisse irréprochable de tous points, et que nous acceptions sans réserve toutes les conclusions qui en sont déduites, et sur lesquelles nous reviendrons plus loin. Mais, à notre connaissance du moins, c'est dans le grand ouvrage (*Railway Machinery*) de l'ingénieur anglais, et auparavant dans ses communications faites devant l'*Institution of Mechanical Engineers*, qu'a été pour la première fois élucidée aussi complétement la manière dont la vapeur se comporte dans les cylindres des machines locomotives et le rôle de la condensation de la vapeur pendant l'admission, ce phénomène caractéristique qui donne la clef de la différence qui existe toujours entre les dépenses pratiques des machines et les consommations calculées, et dont, chose bien curieuse, des Ingénieurs, d'ailleurs fort distingués, croient de très-bonne foi pouvoir encore contester la réalité douze ou quinze ans après la publication de l'ouvrage déjà cité, et vingt ou vingt-cinq ans après la publication de la note de M. Combes.

Peu de temps après les expériences dont nous venons de parler, M. Polonceau fit, au chemin de fer d'Orléans, des expériences à l'indicateur sur divers types de machines. Le papier de l'indicateur était fixé sur une planchette guidée dans des coulisses et recevant un mouvement rectiligne alternatif proportionnel au mouvement du piston, au moyen d'une tringle et d'un levier à bras inégaux (fig. 1).

Les machines expérimentées étaient les suivantes :

1° Machine à voyageurs, n° 94 ;

2° Machine à voyageurs, n° 93, avec cylindres à enveloppe de vapeur ;

3° Machine à marchandises, n° 404, tiroirs d'échappement indépendants des tiroirs d'introduction ;

4° Machine à marchandises, n° 736 ;

5° Machine express, n° 268.

Les résultats de ces essais n'ont pas été livrés à la publicité ; ils sont consignés dans un mémoire autographié reproduisant tous les diagrammes d'indicateur, et dont nous devons la communication à l'obligeance de M. Couche, inspecteur général des mines. Les diagrammes étaient relevés à diverses introductions (descendant dans certains cas à 0,16 ou 0,18 de la course) et à plusieurs vitesses de piston pour chaque introduction ; ces vitesses variant de $1^m,40$ à $2^m,80$ et $3^m,20$.

De nombreux tableaux donnent les relations constatées entre les éléments du développement de la puissance, par exemple, le rapport entre la pression moyenne pendant l'admission et la pression à la chaudière, celui entre le travail pendant l'admission et le travail total, le travail pendant la détente et le travail total, le travail perdu par la compression, par l'échappement anticipé et le travail total, etc.

Ces points sont certainement fort intéressants, mais ils n'ont pas de rapport immédiat avec le sujet qui nous occupe. Nous avons dû nous préoccuper de relever sur les diagrammes les équivalents final et initial de vapeur, comme l'avait fait M. Clark.

On trouve toujours les divers résultats généraux, c'est-à-dire différence négative pour les faibles expansions, et différence positive de plus en plus grande à mesure que les expansions augmentent, autant d'ailleurs qu'on peut le constater, car les admissions sont presque toujours inférieures à la moitié de la course.

Cependant on trouve de temps en temps des anomalies dues soit à des causes accidentelles (erreurs de diagramme ou autres) ou peut-être à une certaine influence de la pression ou de la vitesse. Voici, par exemple, un tableau formé avec les éléments relevés à différentes introductions sur la machine express, n° 268 :

Tableau H.

NUMÉROS des diagrammes.	ADMISSION.	EXPANSION réelle.	NOMBRE de tours.	PRESSION à la chaudière.	DIFFÉRENCE des équivalents rapportée à l'équivalent initial.
44	0,42	1.80	109	7atm	7.1
36	0,33	2.12	109	8	13.9
20	0,24	2.58	109	6.5	11.2
31	0,24	2.58	80	7	13.5
3	0,18	3.01	109	8	33.1

Si on fait (fig. 9) un essai de représentation graphique des différences d'équivalents en fonction de l'équivalent initial rapportées aux expansions, on trouve que, sauf deux, les points obtenus se trouvent comme dans les résultats de M. Clark sur une droite, mais elle est moins relevée que celle de l'auteur anglais, et elle coupe l'axe des abscisses à un point correspondant à une expansion de 1,50, c'est-à-dire à très-peu près au même point que l'autre, il y a, comme on voit, deux points très en dehors de la ligne; mais, ces deux points correspondant à la même expansion, il y a là une anomalie évidente.

Nous ne nous appesantirons pas davantage sur ces expériences, sur lesquelles nous reviendrons plus loin, et auxquelles il manque d'ailleurs un élément important, la mesure directe de l'eau dépensée.

Nous n'avons pas de documents sur des expériences plus récentes faites en France.

Il est à regretter que dans les célèbres expériences faites au chemin de fer de l'Est par MM. Vuillemin, Guebhard et Dieudonné, expériences consignées dans un mémoire qui a valu aux auteurs la médaille d'or de la Société, il n'ait pas été fait usage de l'indicateur. La question de l'utilisation de la vapeur n'y est, du reste, traitée que très-accessoirement, et nous oserons ajouter très-incomplétement.

Ainsi nous lisons dans les mémoires et compte rendu de la Société, 1867, p. 778 :

« *Eau entraînée par la vapeur et perdue par les fuites.* — Si l'on compare la consommation réelle d'eau mesurée au tender à la consommation théorique, calculée d'après le volume décrit par les pistons pendant la durée de l'admission, on trouve que la première est beaucoup plus grande que la seconde. Cela tient à ce qu'il y a entraînement d'une grande quantité d'eau non vaporisée et des pertes diverses.

« Ici une note ainsi conçue : « Ces pertes proviennent des fuites et aussi « du volume de l'espace nuisible qui n'a pas été compris dans le calcul de « la consommation théorique. »

« En faisant les calculs, nous avons trouvé que les pertes et les entraînements d'eau correspondaient aux fractions suivantes de la consommation totale :

« Train 1 68 du 21 juin 1864, 30 pour 100.
— 1 76 du 6 juillet, 24 pour 100.
— 1 68 du 8 juillet, 31 pour 100.
— 2 65 du 21 juillet 1865, 39 pour 100.

« Concluons de ces quatre exemples qu'en moyenne pour les machines du type 20, travaillant au voisinage du maximum de traction, la consommation d'eau non utilisée a atteint 31 pour 100 de la consommation totale.

« Ce chiffre s'applique à des machines en bon état et bien conduites. Il est évident qu'il faut s'opposer le plus possible aux fuites. Mais faut-il s'attacher à sécher la vapeur? »

On voit qu'il n'est pas dans tout ceci fait la plus légère allusion à une condensation possible de la vapeur dans les cylindres, et cela dix ou douze ans après la publication de l'ouvrage de Clark, et vingt-trois ans après la note de M. Combes.

On peut faire ici, du reste, l'observation que nous avons faite au sujet des expériences de Pambour, c'est qu'on a pris, pour calculer la consommation théorique, la pression à la chaudière. Or, si on remarque qu'à la fermeture la pression est moindre, non-seulement parce que la pression à l'entrée au cylindre est déjà moindre qu'à la chaudière, mais que, de plus, il y a en général une nouvelle réduction due à l'étranglement des lumières et à la vitesse du piston, on sera conduit à une consommation théorique qui pourra n'être, par exemple, que les 0,80 de la consommation théorique supposée; la perte trouvée de 31 pour cent deviendrait alors $100 - (0,69 \times 0,80) = 47$ pour cent, et la perte de 39 p. cent indiquée ci-dessus deviendrait $100 - (0,61 \times 0,80) = 51$ pour cent.

L'exagération même de ces chiffres fait voir qu'il y a autre chose qu'un entraînement d'eau ou des fuites ordinaires.

Du reste, en examinant les consommations d'eau par cheval et par heure, déduites des éléments renfermés dans les tableaux annexés au

Mémoire des Ingénieurs de l'Est, et en prenant les diverses consommations de la même machine à des vitesses peu différentes, on sera frappé de ce fait, c'est qu'à quelques exceptions près, la dépense maximum correspond au moindre travail produit.

Or, à moins de supposer que les pressions à la chaudière fussent très-différentes, on est bien obligé d'admettre qu'à vitesse égale, le travail le plus réduit correspondait à la plus grande détente, il en résulte donc que la dépense d'eau par cheval et par heure a été d'autant plus grande que la machine détendait davantage.

L'entraînement d'eau ne devait pas augmenter sur la même machine, il aurait plutôt diminué, il faut donc chercher autre chose que cet entraînement d'eau ou les fuites, et ce quelque chose nous savons actuellement où le trouver.

Tableau I.

DÉSIGNATION.	VITESSE à l'heure.	TRAVAIL en chevaux.	DÉPENSE D'EAU par cheval et par heure.
	kilom.	chev.	k.
Crampton..........	73	247	16.06
Id..............	71	201	18.46
Mixte 7..........	50	169	19.00
Id..............	51	130	25.00
Mixte 12..........	44	168	20.24
Id..............	46	132	21.62
Id..............	51	151	21.93
Id..............	57	131	29.07
Mixte 14..........	49	180	17.15
Id..............	45	144	18.45
Id..............	47	131	21.15
Id..............	45	103	25.20

Il est juste de dire que pour les machines à marchandises le fait ressort d'une manière moins nette, surtout pour les machines à huit roues couplées, néammoins la plus grosse consommation correspond toujours au moindre travail réalisé, même pour ces dernières machines.

M. V. Grimburg, ingénieur au chemin de fer de l'État autrichien, a fait, en 1860 à Temesvar, des expériences sur la machine locomotive *Leopoldstadt* dans des conditions particulières qu'il est intéressant de décrire.

La machine était calée sur des chantiers et les roues actionnées par les bielles motrices pressées par des sabots de frein destinés à absorber le travail développé par les pistons. On mesurait à l'indicateur ce dernier travail et on avait eu l'intention de mesurer le travail développé à la circonférence des roues en évaluant, à l'aide d'une romaine, la pression du frein agissant à la manière du frein de Prony. Cette dernière partie du programme n'a pu être remplie ; les expériences ont d'ailleurs présenté des anomalies, et nous renverrons pour ce qui les concerne au dernier fascicule de l'ouvrage de M. Couche : *Voie et Matériel roulant des chemins de fer*, pour arriver de suite à la série la plus importante d'expériences exécutées sur les machines locomotives.

En 1867, M. Bauschinger, professeur au Real-Gymnasium de Munich, a fait avec le concours de M. Zorn, Ingénieur du matériel à Augsbourg, des expériences très-complètes sur des locomotives des chemins de fer de l'État bavarois.

Ces machines étaient au nombre de 8, savoir :

A	*Ampfing*, machine à 4 roues couplées. . . .	Détente par la coulisse.
B	*Neue Ampfing*, machine à 4 roues couplées. .	
C	*Lichtenfels*, machine à roues libres.	
D	*Walchensee*, machine à 6 roues couplées. . .	
E	*Kufstein*, machine à roues libres.	Détente Meyer.
F	*Otto von Guerike*, machine à roues libres. . .	
G	*Wassertrudingen*, machine à 4 roues couplées.	
H	*Immenstadt*, machine à 4 roues couplées. . .	

Les dimensions principales de ces machines sont données dans le tableau J.

Tableau J.

Dimensions principales des Machines-Locomotives, expérimentées par M. Bauschinger.

CLASSE DE MACHINES.	A.	B.	C.	D.	E.	F.	G.	H.
Proportion des roues motrices	4 sur 6	4 sur 6	2 sur 6	6 sur 6	2 sur 6	2 sur 6	4 sur 6	4 sur 6
Diamètre de ces roues	1.575	1.575	1.524	1.220	1.675	1.524	1.448	1.347
Diamètre des cylindres	0,406	0,406	0,330	0,457	0,381	0,311	0,406	0,381
Course des pistons	0,610	0,610	0,559	0,669	0,559	0,508	0,610	0,610
Surface de grille	1.109	1.109	0.827	1.488	1.023	0.883	1.255	1.051
Surface de chauffe	95.32	95.32	63.33	100.35	68.08	46.87	82.30	66.49
Rapport de la surface directe à la surface des tubes	$\frac{1}{11.8}$	$\frac{1}{13}$	$\frac{1}{13}$	$\frac{1}{13}$	$\frac{1}{8}$	$\frac{1}{11}$	$\frac{1}{11}$	$\frac{1}{10}$
Poids en service	29.5	29.5	20	34	22	16	30	26
Distribution	Stephenson.	Stephenson.	Stephenson.	Stephenson.	Meyer.	Meyer.	Meyer.	Meyer.
Système de tiroir	Trick.	Trick.	Ordinaire.	Ordinaire.	Id.	Id.	Id.	Id.
Poids du tender chargé	19.8	19.8	13.2	20,2	15	10	15	10

On s'était proposé, entre autres questions, de comparer ces deux modes de distribution, et nous verrons plus loin quel a été le résultat à ce point de vue.

Les diagrammes étaient relevés sur les cylindres au moyen de l'indicateur Richard, et l'eau dépensée était mesurée dans le tender. Il n'a pas été fait de relevés dynamométriques.

Il a été relevé un très-grand nombre de diagrammes dans des conditions diverses d'introduction, de pression et de vitesse; ces diagrammes ont été soumis au calcul d'une manière très-complète, et les résultats ont pu être comparés avec les autres éléments obtenus par mesure directe.

Le fait de la relation entre la condensation pendant l'admission et l'expansion ressort avec la plus grande évidence, bien qu'on rencontre toujours quelques anomalies. Ces anomalies s'expliquent naturellement par la difficulté de relever les diagrammes sur les machines locomotives et les erreurs qui peuvent, soit provenir de cette cause, soit se glisser dans la mesure des aires des diagrammes ou dans les calculs très-laborieux nécessaires pour obtenir ces chiffres.

Dans les expériences dont nous parlons, l'expansion réelle (espaces neutres compris) a varié de 1,88 à 5; les nombres de tours par minute de 79 à 180, et les pressions à la chaudière de 6 à 8,5 atmosphères absolus.

Nous n'examinerons ici que les résultats donnés par les machines à distribution par la coulisse ordinaire.

Voici d'abord la différence des équivalents d'eau initial et final rapportée comme précédemment à l'équivalent d'eau initial; il n'y a malheureusement pas d'expansions assez faibles pour constater la valeur négative de cette différence : elle a dans tous les diagrammes été positive.

Comme on connaît le volume d'eau dépensé par mesure directe, on a la dépense d'eau réelle par cheval et par heure et on la rapproche de la dépense calculée au commencement et à la fin de la détente (on a eu soin, bien entendu, dans ces dépenses calculées, de tenir compte de la quantité de vapeur existant au cylindre au commencement de la compression, quantité qui, restant dans le cylindre, vient diminuer la dépense).

Les données numériques sont contenues dans le tableau général des résultats [1].

Tableau L.

DÉSIGNATION	CRAN du secteur.	ADMISSION apparente.	RAPPORT des volumes.	RAPPORT des pressions.	RAPPORT des précédents.
A.........	1	0,16	0,26	0,42	1,61
	2	0,23	0,33	0,46	1,39
	3	0,32	0,40	0,52	1,30
	4	0,38	0,52	0,57	1,10
	5	0,47	0,59	0,62	1,05
B.........	1	0,19	0,37	0,48	1,30
	2	0,26	0,43	0,53	1,23
	3	0,34	0,49	0,58	1,18
	4	0,44	0,58	0,64	1,10
C.........	3	0,36	0,50	0,55	1,10
	4	0.42	0,54	0,63	1,16
	5	0,49	0,59	0,63	1,07

Tableau M.

EXPANSION.	ADMISSION.	G.	H.	$\frac{G}{H}$.
3.85	0,16	0,26	0,19	1.53
3.00	0,23	0,42	0,33	1.27
2.50	0,32	0,50	0,42	1.19
1.92	0,38	0,60	0,57	1.05
1.69	0,47	0,64	0,63	1.02
1.50	0,55	0,69	0,68	1.01
1.22	0,61	0,73	0,72	1.01

G Rapport de la pression moyenne réelle mesurée à l'indicateur à la pression moyenne pendant l'admission.

H. Rapport de la pression moyenne calculée d'après la loi de Mariotte à la pression moyenne pendant l'admission.

Pour montrer d'une manière plus sensible combien, à mesure que l'expansion augmente, la courbe des pressions s'élève au-dessus de la courbe représentant la loi inverse des volumes, dite loi de Mariotte, qu'on cite toujours à propos de la détente, bien qu'on ne voie pas quel

1. Voir à la fin le tableau K.

rapport immédiat elle peut avoir avec des vapeurs dont la température varie avec la pression, on a indiqué dans les tableaux L et M le rapport des pressions à la fin de la détente et au commencement de la détente, comparé avec l'expansion réelle, c'est-à-dire, le rapport des volumes.

On voit que pour des expansions correspondant à des admissions réelles de 0,61, la différence est peu sensible, puisque le rapport est sensiblement égal à 1, tandis que, pour des admissions réduites à 0,16, le rapport des pressions est de 1,53.

On a représenté sur la figure 10 la variation de ces quantités par rapport à l'admission pour les types de machines A, B et C.

Chaque rapport a été donné par la moyenne d'un certain nombre de diagrammes, nombre généralement considérable, 12 ou 15.

Les expériences dont il s'agit, malgré quelques anomalies difficiles à éviter en pareil cas, mettent en évidence de la manière la plus complète l'accroissement de l'équivalent d'eau final avec l'expansion, accroissement constaté par Clark. Mais de plus M. Bauschinger a donné dans les tableaux nombreux qui résument ses expériences les consommations d'eau pour l'unité de puissance, le cheval indiqué et démontré d'une façon tangible, combien les avantages théoriques de la détente sont réduits en pratique.

Nous reviendrons plus tard sur ce point lorsque nous chercherons à déterminer la consommation de vapeur des machines locomotives.

Le tableau K contient, d'ailleurs, tous les éléments de la question.

Nous terminerons l'examen des principales expériences faites en vue de rechercher le mode d'action de la vapeur dans les machines locomotives en citant des expériences relatées par M. Fréd. J. Slade, faites sur des machines du chemin de l'Érié (Voir *Engineering*, 1er semestre, 1871).

Les expériences ont consisté en des relevés à l'indicateur sur cinq machines, dont quatre à cylindres *intérieurs* (variété fort rare aux États-Unis) de $0^{m},45$ de diamètre, $0^{m},500$ de course, et une à cylindres extérieurs de $0^{m},45$ de diamètre, sur $0^{m},55$ de course, le n° 246.

Le tableau N donne la proportion de l'accroissement de la pression finale rapportée à l'expansion totale et réelle de la vapeur, cette expansion étant d'ailleurs contenue dans des limites peu étendues, suivant la pratique américaine, tout au moins en ce qui concerne les locomotives.

Tableau N.

NUMÉROS DES MACHINES.	NOMBRE DE TOURS.	ADMISSION EN CENTIÈMES.	EXPANSION RÉELLE.	ACCROISSEMENT proportionnel de la pression finale.
204	240	0,35	2,60	+ 13,1
155	36	0,40	2,25	+ 2,7
205	90	0,42	2,14	+ 10,0
203	210	0,42	2,14	+ 15,0
204	40	0,45	2,00	+ 3,9
155	84	0,50	1,80	+ 0,8
204	160	0,50	1,80	+ 6,1
203	168	0,50	1,80	+ 5,6
155	148	0,50	1,80	+ 6,2
155	52	0,52	1,70	+ 5,6
155	77	0,55	1,60	+ 1,6
203	122	0,55	1,60	+ 5,1
246	75	0,55	1,60	0
155	72	0,60	1,50	0
155	74	0,60	1,50	— 1,9
155	36	0,66	1,40	— 1,9
246	30	0,77	1,20	— 5

On voit que, malgré quelques anomalies, qu'on constate toujours dans les expériences de cette nature, la tendance de la différence des pressions à croître avec l'expansion est parfaitement nette; la différence est nulle pour une expansion de 1.5 à 1.6; on se rappelle que Clark trouvait 1.54, mais l'inclinaison de la ligne représentative est moindre; car pour une expansion de 2.6 on a + 13.1, tandis que Clark donne pour 2.5 + 36.25 avec les cylindres extérieurs, et + 3 avec les cylindres intérieurs; sous ce rapport les chiffres de M. Slade se rapprocheraient davantage des résultats de Polonceau et de Bauschinger.

Les expériences dont nous venons de parler ne donnent, d'ailleurs, aucun autre renseignement que celui de ces différences proportionnelles déduites des diagrammes d'indicateur. Nous ne les mentionnons que pour confirmer la concordance très-satisfaisante de toutes les expériences de ce genre.

IV. — Action de la vapeur dans les cylindres.

Après avoir pris une connaissance sommaire des diverses expériences effectuées sur les machines locomotives dans le but d'étudier le travail de la vapeur, nous allons examiner le mode d'action de cette vapeur dans les cylindres des machines, tel qu'il se produit en réalité, c'est-à-dire en tenant compte des conditions physiques dans lesquelles s'opèrent les diverses phases du travail.

Bien que cette étude n'ait aucune prétention scientifique, il est nécessaire de rappeler ici quelques définitions théoriques et quelques principes physiques relatifs aux vapeurs qui nous serviront de point de départ.

On appelle *cycle*, en thermo-dynamique, la succession des opérations qui font passer un corps d'un certain état défini par une pression, une température et un volume, à un autre état où ces éléments ont une autre valeur; le cycle est *fermé* lorsque le corps revient à son état initial; il est *reversible* si le contour de l'aire figurative du cycle peut être parcouru dans un sens ou dans l'autre; dans un des sens, par exemple, on dépensera du travail et on fera du calorique, dans l'autre on produira du travail en consommant de la chaleur.

Le cycle de Carnot est un cas particulier du cycle fermé, dans lequel il n'y a que deux sources à températures différentes, c'est le cas des machines à vapeur où ces deux sources sont la chaudière d'une part et de l'autre le condenseur, dans l'acception la plus large de cette expression.

Ce cycle est représenté par un diagramme élémentaire composé de quatre courbes dont deux correspondant à l'admission et à l'échappement sont *isothermiques* (fig. 12, pl. 1), et les deux autres correspondant à la détente et à la compression sont *adiabatiques ;* nous rappelons que Rankine a appelé lignes adiabatiques celles qui indiquent la loi de variation des pressions avec les volumes, en admettant qu'il ne se produise ni addition ni soustraction de chaleur par des causes extérieures.

Un diagramme d'indicateur est la représentation du cycle ; il comprend en effet quatre phases distinctes : l'admission ou travail à pleine pression, la détente ou expansion, l'échappement et la compression qui ramène au point de départ; ces quatre phases se répartissent dans des proportions variables entre les deux courses simples du piston qui constituent un tour de l'essieu moteur. La figure 13, pl. 107, montre la relation du diagramme représentatif du cycle avec le cercle représentant le parcours de la manivelle motrice.

Nous allons rappeler les principes de la théorie des vapeurs en nous conformant aux notations de MM. Clausius et Zeuner qui sont aujourd'hui adoptées universellement.

La quantité de chaleur totale λ qui est nécessaire pour transformer un kilogramme d'eau à 0 degré en vapeur saturée ayant la pression p et la température t est

$$\lambda = q + r,$$

q étant la chaleur du liquide dont la valeur pour l'eau est

$$q = t + 0{,}00002\,t^2 + 0{,}0000003\,t^3,$$

et r la chaleur latente de vaporisation. On sait que M. Regnault a donné pour λ la relation

$$\lambda = 606{,}5 + 0{,}305\,t.$$

λ étant la quantité de chaleur qu'il a fallu communiquer à l'eau pour produire la vapeur; on admettait autrefois que cette même quantité de chaleur restait dans la vapeur. Actuellement, d'après la théorie mécanique de la chaleur, on doit conclure que la vapeur occupant un plus grand volume que l'eau, il y a eu dilatation, et que cette vapeur ayant produit un certain travail par sa formation, à ce travail correspond la disparition d'une certaine quantité de chaleur.

On trouve que cette quantité de chaleur est égale à

$$\mathrm{A}pu$$

A étant l'inverse de l'équivalent mécanique de la chaleur, soit $\frac{1}{425}$, p la pression de la vapeur, et u la dilatation, c'est-à-dire la différence entre le volume de la vapeur à la pression p et celui de l'eau qui a servi à la former.

Il reste donc dans la vapeur après sa formation, une quantité de chaleur

$$\mathrm{J} = \lambda - \mathrm{A}pu.$$

M. Zeuner a appelé cette quantité la chaleur de la vapeur; cette quantité indique combien un kilogramme de vapeur saturée à la pression p contient de calories de plus qu'un kilogramme d'eau à zéro.

On peut remarquer que la chaleur disparue en travail Apu porte sur la chaleur latente r et non sur la chaleur de l'eau q, de sorte que si on retranche Apu de r il reste une quantité de chaleur $\rho = r - Apu$, qu'on appelle la chaleur latente interne, Apu étant la chaleur latente externe; la somme de ces deux chaleurs latentes est la chaleur latente r des ouvrages de physique élémentaire.

Les tables qu'on trouve maintenant dans un grand nombre d'ouvrages donnent les valeurs de q, ρ, Apu pour les températures correspondantes aux diverses pressions de la vapeur.

Une observation, qu'on peut faire immédiatement, est que le travail à pleine pression dans le cylindre se faisant en vertu de l'augmentation de volume due à la production même de la vapeur dans la chaudière, il n'y a pas, dans le cylindre proprement dit, de dépense de chaleur par ce travail, et par suite pas de condensation comme cela a lieu dans la phase suivante, l'expansion.

On remarquera également que lorsque la vapeur, ayant agi à pleine pression sur le piston d'une machine, se condense par une cause de refroidissement quelconque, elle ne peut abandonner que la quantité de chaleur qu'elle possède, c'est-à-dire celle qui a servi à la former, diminuée de celle qui correspond au travail effectué, soit Apu; mais on doit aussi conclure que si de la vapeur se condense sans avoir produit de travail, par exemple dans le chauffage d'enveloppes, elle doit fournir la quantité intégrale de chaleur qui a servi à la former, puisqu'il n'y a pas eu de travail extérieur fourni. Dans ce cas la contraction de volume due à la condensation doit produire une quantité de chaleur égale à celle qu'a absorbée la dilatation due à la vaporisation.

Comme nous l'avons déjà dit, il y a près de trente-cinq ans que Combes et Thomas avaient remarqué que dans les machines détendant notablement avec des cylindres sans enveloppe, il y avait plus de vapeur à la fin de la détente qu'au commencement, à en juger par les diagrammes d'indicateur qui donnaient des courbes *surélevées;* ils attribuèrent cet effet constant à la vaporisation pendant la détente de l'eau condensée pendant l'admission. Ce phénomène caractéristique a été constaté fréquemment depuis, comme nous l'avons vu, sur les locomotives, et il a été sur les machines fixes l'objet des recherches si connues de MM. Hirn, Leloutre, etc.

Nous avons eu l'occasion de constater cette production de vapeur dans des circonstances assez curieuses pour que nos observations aient été jugées dignes d'être citées, notamment par M. Couche dans le dernier fascicule de son grand ouvrage[1]. On nous permettra de donner de nouveau le passage contenu dans les *Mémoires et compte rendu des travaux de la Société des Ingénieurs civils*, année 1873, page 839 :

Nous avons relevé, notre collègue M. Clair et moi, un grand nombre de courbes d'indicateur sur la machine de ses ateliers, machine sans condensation où l'admission pouvait être réduite à des fractions très-minimes de la course, variant de 1/40 à 1/8; les expansions réelles étaient toutefois beaucoup moindres par suite de l'existence des espaces neutres; la correction ramenait les expansions apparentes de

	40,	20,	13,33	10 et	8 volumes
aux chiffres de	14	10,5	8	7 et	6.

La figure 1, planche 2, représente un diagramme relevé sur cette machine à une expansion réelle de 14 volumes; la pression initiale absolue étant seulement de 2,75 atmosphères, la tension à la fin de la course, calculée d'après la loi de Mariotte, aurait dû être considérablement inférieure à la pression atmosphérique.

Il n'en est rien. La pression qui dès la fermeture de la lumière baisse rapidement, cesse bientôt de décroître aussi vite; elle se maintient à quelque distance de la ligne atmosphérique et se trouve à fin de course encore notablement au-dessus de celle-ci. Cet effet est dû à la vaporisation pendant la détente de l'eau contenue dans le cylindre, qui fournit un supplément de vapeur, dont la tension s'ajoute à la tension normale. Il est nécessaire d'ajouter qu'on s'était assuré préalablement que ce supplément de vapeur ne pouvait être attribué à des causes étrangères, telles que des fuites au tiroir ou au piston.

La courbe du diagramme est, dans le cas dont il s'agit, considérablement surélevée ; c'est toujours l'indice du phénomène que nous venons de signaler.

Comme les diagrammes sous leur forme naturelle ne donnent pas de renseignements directs sur le poids de vapeur qui existe au cylindre, nous avons pensé qu'on pourrait rendre leurs indications plus claires en les faisant servir à la construction de *diagrammes de poids*.

On divisera un axe horizontal en dix parties égales, par exemple, chacune correspondant à un dixième de la course du piston. A chacun de ces dixièmes correspond un certain volume occupé par la vapeur,

1. *Voie, matériel roulant et exploitation technique des chemins de fer*, tome III, page 761.

volume composé : 1° d'un dixième du volume engendré par le piston ; 2° de l'espace neutre. Si maintenant on prend sur le diagramme des pressions la pression qui existe à chaque division, on connaîtra, en se reportant aux tables relatives à la vapeur, le poids spécifique de la vapeur[1], et en faisant le produit du volume par ce poids spécifique, on obtiendra le poids exact de la vapeur qui existe à chaque période dans le cylindre, soit pour l'aller, soit pour le retour. En réunissant les sommets des ordonnées représentant ces poids par une courbe continue, on aura un diagramme fermé qui indique la variation des poids de vapeur présents au cylindre pendant un tour. Le diagramme théorique des poids serait représenté figure 13, planche 1. On voit que le poids de vapeur augmentant pendant l'admission resterait constant ou plutôt diminuerait légèrement pendant la détente, décroîtrait pendant l'échappement jusqu'au commencement de la compression où le poids de vapeur restant dans le cylindre resterait le même jusqu'à l'ouverture à l'admission. Nous allons voir que les choses ne se passent pas du tout ainsi en pratique.

En effet, la figure 1, planche 2, représente le diagramme des poids pour la machine dont nous avons parlé plus haut. On voit que, dès la fermeture de la lumière, la quantité de vapeur diminue légèrement, parce qu'il se produit tout d'abord une condensation par l'effet même de l'augmentation de volume et peut-être aussi parce que les parois ne sont pas encore réchauffées à la température de la vapeur de la chaudière, mais cet effet est très-court, et, dès que la pression baisse dans le cylindre, le poids de vapeur augmente de plus en plus, si bien qu'à la fin de la détente, on peut constater l'existence d'un poids de vapeur égal à cinq fois environ le poids accusé par le diagramme à la fin de l'admission[2].

La présence de cette énorme quantité de vapeur ne peut s'expliquer que par la vaporisation, pendant la période de détente, et à la faveur de l'abaissement de la pression, de l'eau qui se trouvait dans le cylindre. Mais d'où provient cette eau? On peut penser tout d'abord que ce pour-

1. Nous ferons observer ici que lorsque les pressions diffèrent peu les unes des autres, on peut sans erreur sensible prendre pour multiplier les volumes du cylindre, au lieu des poids spécifiques, les pressions mêmes relevées sur les diagrammes ; le calcul est notablement simplifié et on peut se passer de tables.

2. Le tableau P qu'on trouvera plus bas, indique l'augmentation de ce poids de vapeur avec le volume occupé par celle-ci.

rait être de l'eau amenée mécaniquement par entraînement avec la vapeur. Examinons cette question.

Dans le cas qui nous occupe, la pression à l'admission est de 2,75 atmosphères absolues, soit une température de 131 degrés, la contre-pression de 1,1 atmosphères, soit une température de 102,68 degrés.

Si nous désignons par p le poids d'eau existant dans le cylindre à la fin de l'admission et dont l'origine est en question, et p' le poids de vapeur produit pendant la détente et qui s'ajoute au poids de vapeur introduit pendant l'admission, si on suppose que ce poids p' s'est vaporisé à une température moyenne entre les températures extrêmes 131 et 102.68, soit 116.8, il contiendra une quantité de chaleur totale égale à

$$p' (606.5 + 0,305 \times 116.8) = p' \times 642.18.$$

On a donc :

$$132\, p = 103.22\, (p - p') + 642.18\, p'$$

d'où :

$$\frac{p'}{p} = \frac{132 - 103.22}{642.18 - 103.22} = 0,0528.$$

Donc, pour produire un kilogramme de vapeur pendant la détente il aurait fallu qu'il y eût 18,94 kilogrammes d'eau au cylindre, et comme le poids de vapeur présent au cylindre à la fin de l'admission était de 0,250, la proportion d'eau dans le mélange aurait dû être de $\frac{18.94}{18.94 + 0,250} = 0,975$, ce qui est évidemmment de toute impossibilité, d'autant plus que dans l'espèce la vapeur devait être très-peu chargée d'eau, la machine dépensant peu de vapeur pour les dimensions de la chaudière.

En supposant même que la vapeur contint la proportion considérable de 30 pour 100 d'eau, on aurait eu seulement à la fin de la détente 1.026 du poids de vapeur présent à la fin de l'admission, soit 2 1/2 pour 100 environ d'augmentation.

On est donc bien obligé de reconnaître que la vaporisation pendant la détente de l'eau entraînée avec la vapeur ne peut fournir qu'un appoint insignifiant.

Comme nous l'avons déjà indiqué, à plusieurs reprises, on ne peut attribuer la présence de cette énorme quantité de vapeur qu'à la vaporisation pendant la détente de l'eau qui s'était condensée pendant l'admission au contact des parties du cylindre refroidies pendant la détente et l'échappement. Nous reviendrons plus loin, d'une manière plus précise, sur ce mode d'action du cylindre.

On a émis des doutes sur la possibilité d'un effet aussi prompt et aussi complet des parois du cylindre en invoquant les propriétés peu conductrices et diathermanes des gaz, et la rapidité d'une action qui devrait s'effectuer dans un laps de temps qui parfois n'atteint pas *un dixième de seconde.*

Rien n'est pourtant plus réel.

« L'influence des parois, dit M. Hirn, est par trop puissante pour qu'on puisse en faire abstraction, sans aboutir à des erreurs considérables.

« La cause la plus *désastreuse* de perte de chaleur dans les machines à vapeur, c'est l'évaporation instantanée de l'eau qui reste le long des parois des cylindres à la fin de la détente et au moment où se fait l'échappement au condenseur.

« Nous devons, dit M. Hallauer[1], faire remarquer que nous avons affaire à un gaz saturé, mêlé à un liquide en poussière qui est lui-même à l'état de saturation; on ne peut donc enlever de la chaleur ou en ajouter sans qu'une partie de la vapeur se condense, ou qu'une portion du liquide s'évapore, et cette transformation n'est pas due à une perte ou à un gain de chaleur de toute la masse, mais seulement à ce fait que les parties en rapport direct avec la cause de chaud ou de froid perdent ou gagnent. Le changement de température de toute la masse n'est ainsi dû qu'au changement de pression occasionné par une condensation ou une évaporation partielle, car on sait en physique qu'une vapeur introduite dans un réservoir, dont les parois sont à des températures différentes, arrive rapidement à la tension qui correspond à la température la plus basse. C'est sur cette propriété qu'est basé le fonctionnement du condenseur, une des plus belles inventions du génie de Watt. »

Il est juste de dire que cette explication qui rend bien compte de la rapidité d'action des parois, avait déjà été donnée par M. Clark.

Nous avons représenté les diagrammes de poids avec les diagrammes de pressions correspondants pour un certain nombre de machines dans les planches 1, 2 et 3 :

1° Figure 14, planche 1, machine locomotive *Ampfing*, expérimentée par M. Bauschinger;

2° Planche 2, figure 1, machine fixe d'expérience que nous avons citée plus haut;

3° Figures 2 et 3, machine locomotive à voyageurs;

1. *Bulletin de la Société industrielle de Mulhouse*, année 1876.

4° Figures 4 et 5, machine locomotive à marchandises;

5° Planche 3, figures 1 et 2, machine locomotive *Bayonne*, fonctionnement direct dans les deux cylindres;

6° Figures 3 et 4, même machine, fonctionnement Compound;

7° Figure 5, machine fixe Corliss.

Nous nous référerons à ces diagrammes en étudiant successivement les diverses phases du travail de la vapeur dans les cylindres.

1° PÉRIODE D'ADMISSION.

L'admission au cylindre de la vapeur de la chaudière se fait dès l'ouverture de la lumière, c'est-à-dire dans les machines locomotives à distribution bien réglée, un peu avant la fin de la course.

La pression de la vapeur s'établit sur le piston plus ou moins rapidement suivant : 1° l'ouverture du régulateur; 2° la section des passages, tuyaux, lumières, etc.; 3° la pression à la chaudière; 4° la vitesse du piston. Si on suppose la même ouverture de régulateur, et la seconde condition restant évidemment la même pour une machine donnée, la pression initiale variera suivant la pression à la chaudière, et par conséquent, pour une même valeur de celle-ci, le rapport ne sera influencé que par la vitesse du piston.

La vitesse du piston varie d'un point à l'autre de la course, depuis zéro jusqu'à un maximum égal à la vitesse du bouton de manivelle; ainsi, avec $0^m,60$ de course et 3 tours de roues par seconde, la vitesse moyenne sera $0,60 \times 2 \times 3 = 3^m,600$, mais la vitesse maxima sera $0,60 \times 3.14 \times 3 = 5^m,652$.

On a exagéré alternativement, dans chaque sens, la valeur de la chute de pression entre le cylindre et la chaudière. Beaucoup de personnes croient encore que cette chute est nécessairement considérable; on a été jusqu'à dire, dans des discussions récentes devant la Société, que la pression initiale ne pouvait être évaluée sur le piston à plus de 7 kilogrammes (avec 10 à la chaudière), en raison de la vitesse de fonctionnement, même lorsque le régulateur est ouvert en plein.

C'est une erreur; ces pertes énormes de pression s'évitent parfaitement en pratique avec de bonnes sections de passages et de tuyaux; il y a déjà vingt ans qu'au chemin de fer d'Orléans, on constatait, même à des vitesses assez considérables, des pressions à l'admission qui atteignaient par rapport à la pression à la chaudière le rapport de 0,93, 0,96, 0,98 et même 1.

Dans les machines locomotives du chemin de Biarritz on a obtenu des pressions initiales au petit cylindre de 10 kilogrammes effectifs, même avec une vitesse de rotation assez considérable.

Il est bien certain, toutefois, qu'il ne faut pas aller trop loin et se fier indéfiniment, comme le font d'autres personnes, aux énormes vitesses que peut prendre la vapeur, d'autant plus que le mélange d'eau avec la vapeur change notablement les conditions d'écoulement admises pour la vapeur sèche. Si on peut compter sur une pression égale à celle de la chaudière à l'origine de la course lorsque le piston est en repos, il n'en est plus de même aux environs du milieu de la course où, comme nous venons de le voir, la vitesse peut atteindre $5^{m},652$. Si alors l'ouverture des lumières est de 1/30 de la section du piston, il faut que la vitesse de la vapeur soit de $169^{m},56$, et si l'ouverture se réduit à 1/100, la vitesse de la vapeur doit atteindre l'énorme valeur de 565 mètres par seconde. Il est impossible qu'il n'y ait pas alors une dépression réelle et que le diagramme ne présente pas un arrondi autour du point de fermeture, c'est ce qu'on constate sur certains des diagrammes d'indicateur représentés sur les planches; la ligne qui figure la période d'admission est plus ou moins inclinée par rapport à l'horizontale. On voit que dans d'autres, au contraire, cette ligne est sensiblement parallèle à l'axe des abscisses.

Tous les diagrammes de poids représentés indiquent bien nettement que le poids de vapeur augmente proportionnellement à la marche du piston.

C'est pourtant dans la période d'admission que se produit la condensation considérable dont nous avons parlé, mais cette condensation n'affecte pas sensiblement la pression au cylindre, si les conduits d'arrivée ont une section suffisante, pas plus que l'ouverture des robinets purgeurs n'empêche la pression d'atteindre sur les pistons la même valeur que si ces robinets n'étaient pas ouverts.

La vapeur affluant de la chaudière se condense donc en partie sur les parois relativement froides du cylindre, du piston et de la tige de ce dernier, en formant une couche de rosée extrêmement mince, mais dont le poids ne finit pas moins par être sensible; on a souvent parlé de l'épaissseur de 1/50 de millimètre.

Dans une locomotive à cylindres de $0^{m},42$ de diamètre et $0^{m},600$ de course, la surface en contact avec la vapeur, pendant l'admission en supposant le piston à 1/5 de la course, peut être évaluée à :

Partie cylindrique.	0^{mq},1584
Plateau du cylindre.	0 ,1385
Face du piston.	0 ,1385
Demi-tige.	0 ,0113
Surface du conduit de lumière. .	0 ,3000[1]
Surface totale.	0^{mq},7467

soit 3/4 de mètre carré environ, de sorte que la couche de 1/50 de millimètre représenterait un poids d'eau de 15 grammes environ; comme cette portion du cylindre contiendrait à peu près 100 grammes de vapeur à 9 atmosphères absolues, cette couche si insignifiante en apparence représenterait 15 pour 100 du poids de vapeur admis au cylindre.

On a beaucoup discuté sur *la couche active* qui est influencée dans le cylindre et dont le passage de l'une à l'autre des températures extrêmes absorbe et résorbe une quantité de calorique produisant la condensation de la vapeur ou la vaporisation de l'eau.

On a cherché à calculer l'épaisseur de cette couche qui n'a besoin d'avoir qu'une très-faible épaisseur pour constituer un poids de métal capable d'exercer une influence notable. On a même attribué une importance considérable à la nature de la matière qui constitue les parois du cylindre, et on a cherché à diminuer la valeur du *coefficient d'absorption* en substituant à la fonte des matières de moindres conductibilité et capacité calorifique, telles que le plomb, le verre ou la porcelaine. Nous reviendrons plus loin sur cette question.

Il y a un élément dont la présence a une action très-importante sur le phénomène qui nous occupe et qu'il est impossible de négliger, c'est l'eau qui existe toujours à l'état liquide dans le cylindre, quelle que soit sa provenance, et qui, une fois introduite dans ce récipient, ne peut plus en être chassée; au contraire, sa quantité augmente toujours par la force même des choses jusqu'à ce que l'excès, mais non la totalité, soit expulsé naturellement par l'échappement ou autrement par les robinets ou soupapes de purge.

1. L'inconvénient des espaces neutres tient moins au volume même de ces espaces qu'à la surface considérable de refroidissement à laquelle il correspond, surface qui dans l'exemple que nous indiquons, est de 40 p. 100 de la surface totale; on s'explique dès lors l'intérêt qu'il y a à réduire ces espaces à ce point de vue.

L'action de l'eau est d'autant plus énergique que sa capacité calorifique est sept fois environ aussi grande que celle de la fonte et que ses pouvoirs émissifs et absorbants sont considérables.

Cet effet avait déjà été signalé il y a longtemps. Dans son *Traité de l'hélice propulsive*[1], publié en 1855, M. l'amiral Pâris, à propos des machines de l'*Algésiras* construites par M. Dupuy de Lôme avec des enveloppes d'air chaud autour des cylindres, écrivait ce qui suit :

« Dans cette machine, les déperditions de chaleur sont arrêtées par une chemise en tôle qui entoure de toutes parts le cylindre, et sert à la circulation de l'air chaud pris entre la cheminée et la chemise qui entoure celle-ci, de manière à faire circuler toujours le même air dans ces parties et autour des cylindres, au moyen d'un ventilateur mis en mouvement par la machine. Avant de mettre la machine en marche, le ventilateur est tourné à bras pour réchauffer les cylindres et les mettre à même de développer toute la force au premier commandement. L'air ainsi entraîné a pour but de maintenir le cylindre à une température un peu plus élevée que celle de la vapeur employée, et d'empêcher non-seulement les pertes de chaleur par rayonnement, mais aussi celles occasionnées par la manière d'agir de la vapeur dans le cylindre. Car ce n'est que par des alternatives de températures différentes que la force est produite, le froid du condenseur diminue la température intérieure, et produit sur toutes les parois du cylindre et du piston des gouttes de rosée qui condensent la vapeur beaucoup plus que ne le fait le métal. En effet, ce dernier a très-peu de chaleur spécifique et sa conductibilité n'est pas assez grande pour que les variations de température si rapprochées le pénètrent, et trouvent assez de chaleur à prendre ou à donner. C'est surtout à cette rosée que M. Dupuy de Lôme attribue les pertes considérables du fonctionnement intérieur de la vapeur, et il les diminuera beaucoup par cette enveloppe d'air qu'il compte maintenir à une température d'environ 120°, son but étant d'empêcher la vapeur de se refroidir et surtout de *conserver les cylindres secs.* »

Il est de fait que les consommations de l'*Algésiras* ont été très-favorables pour l'époque.

On doit admettre que, dans les machines locomotives actuelles, il se trouvera toujours au départ de l'eau dans les cylindres (nous disons actuelles, parce que dans les anciennes machines à cylindres intérieurs logés dans la boîte à fumée, il est probable que les choses se passaient un peu différemment) et que malgré l'ouverture des robinets purgeurs, il en restera toujours une certaine quantité. Dès lors cette eau ira toujours en augmentant.

1. *Traité de l'hélice propulsive*, page 154.

M. Gérardin, Ingénieur en chef et professeur à l'École des ponts et chaussées, a, dans le cours de machines à vapeur professé à cette école, année 1874, démontré analytiquement que la quantité d'eau condensée à chaque fois est toujours plus grande que celle qui se vaporise et que par conséquent, si on n'employait pas de moyen pour l'expulser, la quantité d'eau irait indéfiniment en augmentant.

Nous ne reproduirons pas cette démonstration, mais nous la remplacerons par quelques considérations élémentaires.

Supposons qu'il existe 1 kilogramme d'eau liquide dans le cylindre et que les pressions alternatives soient 8 atmosphères absolues, température 170,8, et 1 atmosphère, température 100°.

La revaporisation pourra être supposée s'opérer à une température moyenne de 135°,4, et chaque kilogramme de vapeur ainsi formée enlèverait 647,7 calories.

On trouvera par un calcul très-simple, dont le spécimen a déjà été donné plus haut, que le poids de vapeur formé sera de $0^k,129$, il restera donc $1 - 0,129 = 0^k,871$ d'eau liquide.

On fera maintenant arriver de la vapeur à 170,8 degrés ; il se condensera un poids p de vapeur pour réchauffer l'eau à 170,8 ; nous supposerons que cette vapeur est un mélange de 80 de vapeur et de 20 d'eau entraînée, cas qui se présente sur les locomotives, et nous supposerons de plus que la vapeur se condense sans produire de travail, et dégage par conséquent toute sa chaleur latente, tant interne qu'externe.

On aura alors l'équation :

$$0^k,871 \times (172.89 - 100.5) + p \times 172.89$$
$$= 0,80\,p \times 658.6 + 0,20\,p \times 172.89\,;$$

d'où on tire $$p = \frac{0,871 \times 72,39}{388.57} = 0,871 \times 0,1863,$$

et $p = 0^k,162$. La quantité d'eau finale sera donc :

$$0,871 + 0,162 = 1^k,033.$$

Si on recommence l'évaporation, il se formera un poids de vapeur égal à $1,033 \times 0,129 = 0,133$, et il restera un poids d'eau $0^k,900$, que l'arrivée de la vapeur fraîche ramènera à

$$0,900 \times (1 + 0,1863) = 1,067,$$

et ainsi de suite.

Comme il faut à chaque fois multiplier par les facteurs 0,871 et 1,1863, répétés autant de fois qu'on considère de phases successives, on voit que le poids d'eau qui était à l'origine 1 sera après le premier coup de piston 1.033, et au bout de n coups $\overline{1.033}^n$. Le poids initial serait doublé à peu près au vingtième tour, soit en moins de 7 secondes dans une machine marchant à 180 tours par minute; il serait de 6 fois après 50 tours ou 17 secondes, et de 11,5 fois après 100 tours ou 33 secondes.

Cette abondante formation d'eau dans les cylindres avait été remarquée depuis longtemps, sans qu'on se rendît bien compte de sa véritable cause; aussi disposait-on, dans beaucoup de machines marines à cylindres horizontaux ou inclinés, des tiroirs de purge continue sous les cylindres; ces tiroirs en mouvement régulier évacuaient constamment l'eau condensée. Nous avons vu des tiroirs de ce genre sur une machine inclinée à haute pression sans condensation d'un remorqueur de la basse Seine, construite par Pauwels, antérieurement à 1840. On sait que les machines oscillantes de notre célèbre constructeur Cavé étaient munies de tiroirs d'échappement placés sous les cylindres, et qui remplissaient le rôle de ces purgeurs continus.

Il est certain que toute disposition de nature à prévenir un premier dépôt d'eau au cylindre sera par cela même utile; c'est de cette manière surtout qu'agissait la chemise d'air chaud de l'*Algésiras*, et c'est probablement là la véritable raison de l'avantage attribué par Clark aux cylindres intérieurs logés dans les boîtes à fumée. Ces cylindres étant chauffés pendant le stationnement ne permettaient pas de condensation au départ, et dès lors cette cause spéciale de perte se trouvait supprimée ou considérablement atténuée.

Si la condensation se produit pendant l'admission, ses effets ultérieurs se manifestent dans les périodes suivantes, et c'est là que nous les étudierons.

2° PÉRIODE DE DÉTENTE.

Dès que la lumière d'admission est entièrement fermée, commence théoriquement la période de détente. On remarquera que dans les locomotives la détente commence en pratique un peu plus tôt, car dès que l'ouverture de la lumière est assez rétrécie pour ne pas laisser passer toute la vapeur que demanderait le mouvement du piston, la vapeur déjà admise doit se détendre pour y suppléer; on a attribué une grande importance à avoir des organes fermant instantanément les lumières. Nous ferons observer que, suivant le point de la course du piston où se fera la fermeture de la lumière, cette fermeture s'opérera plus ou moins vite; ainsi, au milieu de la course, alors que le piston est animé, comme on l'a vu plus haut, d'une vitesse qui atteint et dépasse $5^{m},65$ par seconde, on peut par la construction d'un diagramme très-simple constater que la vitesse du piston est de 7 à 8 fois celle du tiroir, et que par conséquent les 2 ou 3 millimètres de parcours de ce dernier, qui précèdent la fermeture complète, seront parcourus pendant que le piston parcourt 15 à 25 millimètres, et en un laps de temps de $\frac{1}{380}$ à $\frac{1}{225}$ de seconde. Il semble qu'il y a là une fermeture suffisamment instantanée.

Si on ferme l'admission plus près du commencement de la course, alors que le piston a une vitesse relativement plus faible, la fermeture sera aussi relativement moins rapide, mais elle le sera toujours suffisamment pour qu'il n'y ait pas, à notre avis, à s'occuper sérieusement du plus ou moins d'instantanéité de cette fermeture, et de ses conséquences pratiques.

La recherche de la loi qui régit l'expansion de la vapeur dans les cylindres des machines a beaucoup préoccupé les physiciens et les ingénieurs, et on a débité sur cette question les choses les plus étranges.

La première idée a été de mettre en avant la loi de Mariotte ou la loi de Boyle, comme disent les Anglais. Il est difficile de se rendre compte du rapport que peut avoir le phénomène de la détente dans les machines avec la loi de Mariotte, qui ne s'applique qu'aux gaz permanents restant à la même température et n'effectuant pas de travail. Si elle se vérifiait pratiquement, ce ne serait qu'une pure coïncidence due au hasard.

« En calculant, dit M. Leloutre, le travail effectif d'une machine, d'après la loi de Mariotte, on peut commettre dans certains cas une erreur de plus de 26 pour 100; il est donc impossible de s'appuyer à l'avenir sur une prétendue loi aussi fausse. »

Et cependant, chose bien curieuse, si peu rationnelle qu'elle soit, comme on le verra plus loin, la loi de Mariotte s'écarte moins de la loi pratique de la détente que les lois théoriques qu'on a cherché à lui substituer d'après les bases de la thermodynamique pure.

Une loi plus naturelle serait la loi qui régit les rapports des volumes des vapeurs saturées avec les pressions. Mais comme la vapeur à une pression supérieure contient plus de chaleur totale que celle qui correspond à la pression inférieure, l'excédant de la chaleur demeurant disponible, il y aurait, si les parois du récipient sont imperméables à la chaleur et s'il n'y a pas de travail fait, production du phénomène qui a été surtout étudié par M. Hirn, et appelé par lui *surchauffe spontanée*. Cette circonstance rendrait encore la diminution des pressions moins rapide.

Mais dans les cylindres de machines, il y a toujours production de travail, dès lors absorption de chaleur et diminution de la quantité de vapeur (nous supposons toujours les parois imperméables au calorique et la vapeur saturée et sèche, toutes conditions qui ne se réalisent jamais), la diminution de pression se fera donc plus rapidement que tout à l'heure.

Nous venons de dire que les conditions énoncées ci-dessus ne se rencontrent jamais en pratique, par exemple l'imperméabilité absolue des parois des cylindres; mais, de plus, les conditions où se trouve la vapeur peuvent changer d'un instant à l'autre pendant la course du piston; elle pourrait être d'abord surchauffée, puis saturée sèche, ensuite saturée avec excès d'eau. Il semble donc qu'il est difficile de trouver une loi de détente théorique exacte, et, comme on l'a fait très-justement remarquer, il y a beaucoup de cas où il serait nécessaire, pour l'étude de la détente totale, d'appliquer successivement plusieurs lois suivant l'état où se trouve graduellement la vapeur.

« Il n'y a pas, dit encore M. Leloutre dans ses *Recherches expérimentales sur les machines à vapeur*, de loi de détente unique dans les machines, ou plutôt la loi générale, si on parvient à en établir une, varie dans ses effets d'un coup de piston à l'autre. La loi des pressions pendant la détente doit non-seulement varier dans une certaine mesure, d'une machine à l'autre, mais encore dans la même machine, selon qu'elle reçoit plus ou moins de vapeur par coup de piston. »

On a proposé diverses lois de décroissance des pressions, que nous passerons rapidement en revue.

1° La courbe adiabatique de la vapeur saturée sèche à l'origine, c'est-à dire la courbe de la vapeur qui se détend sans addition ni soustraction extérieures de chaleur.

2° La courbe adiabatique pour la vapeur saturée, mais contenant une proportion d'eau mélangée plus ou moins considérable.

M. Zeuner considère qu'il n'est pas possible, dans l'état actuel de la science, de représenter par des équations simples les lois de la détente, qu'il faut recourir à des formules empiriques.

3° Dans cet ordre d'idées, Rankine avait proposé une formule approximative.

$$\frac{p}{p_0} = \left(\frac{v_0}{v}\right)^{\mu}$$

μ étant une quantité constante égale à 1.111, soit $\frac{10}{9}$.

D'autres auteurs ont, en prenant une expression semblable, attribué à μ des valeurs différentes comprises entre $\mu = 1$, ce qui donne la loi de Mariotte jusqu'à $\mu = 1.41$, cas des gaz permanents se détendant avec travail interne.

4° M. Zeuner propose la valeur empirique $\mu = 1.035 + 0,100\,x$, x étant la proportion de vapeur dans le mélange sorti de la chaudière, on a ainsi pour diverses valeurs :

$x =$	1	0,90	0,80	0,70
$\mu =$	1.135	1.125	1.115	1.103

il en résulte que, plus la quantité d'eau est considérable, plus μ s'approchera de l'unité et plus la courbe de détente se rapprocherait de la loi de Mariotte.

5° Redtenbacher a donné la formule suivante d'après les expériences de Pambour :

$$p = \frac{v_0}{v}(0,284 + p_0) - 0,284.$$

Si on remarque qu'avec la loi de Mariotte, on a : $p = \frac{v_0}{v}\,p_0$, on trouve que la valeur de p avec l'expression ci-dessus est égale à l'ordonnée de la courbe de Mariotte diminuée d'un terme où entre la détente :

$$p = p_0\,\frac{v_0}{v} - 0,284\left(1 - \frac{v_0}{v}\right).$$

La formule de Redtenbacher, mise sous la forme $p = p_0\left(\frac{v_0}{v}\right)^{\mu}$, nécessiterait pour μ des valeurs variables, depuis $\mu = 1.056$ au commencement de la course à $\mu = 1.15$ à la fin.

6° La loi de Mariotte, dont les ordonnées sont supérieures à celles de toutes les lois précédentes. L'application de cette loi suppose une addition extérieure de chaleur ou, ce qui a lieu en pratique, une production de vapeur pendant la détente.

7° Enfin la courbe de la détente réelle et pratique dans les cylindres des machines à vapeur, qui est toujours au-dessus de celles que nous venons de voir et qui ne représente pas une loi réelle de détente, puisque la quantité de vapeur présente au cylindre va en augmentant à chaque instant à mesure que le piston avance. Nous raisonnons ici dans le cas de détentes un peu prolongées.

On a cependant cherché à la représenter par une expression de la forme $p = p_0 \left(\frac{v_0}{v}\right)^{\mu}$, en donnant à l'exposant μ une valeur convenable[1].

Il est à remarquer que, tandis que pour la loi de Mariotte on a $\mu = 1$, tous les auteurs des formules que nous venons de citer, guidés par la thermodynamique pure et par les *théories génériques*, se sont ingéniés à trouver pour μ des valeurs approchées jusqu'à la troisième décimale, mais toujours supérieures à l'unité, tandis que les diagrammes d'indicateur représentant en définitive les détentes pratiques donnent, dans l'immense majorité des cas, des valeurs de μ plus petites que l'unité, c'est-à-dire conduisant à des courbes surélevées.

M. Leloutre, en étudiant des diagrammes relevés sur des machines de Woolf (*Mémoires de la Société industrielle du nord de la France*), a trouvé, d'après les diagrammes du petit cylindre, des valeurs de α variant de 0,37 à 0,72, et pour les diagrammes du grand cylindre de 0,50 à 0,81.

Nous avons reproduit dans le tableau O les valeurs des pressions calculées d'après les diverses lois mentionnées ci-dessus pour des volumes croissant par unité de 1 à 10, ainsi que la pression moyenne donnant par conséquent le travail effectué pendant la détente.

Dans le tableau P nous avons indiqué les poids de vapeur représentés par les pressions du tableau précédent.

On voit combien, avec les valeurs de μ inférieures à l'unité, les poids augmentent rapidement.

1. On trouvera dans le *Bulletin de l'Association des Propriétaires d'appareil à vapeur du nord de la France* 1875-1876, un travail très-intéressant de M. Cornut, Ingénieur en chef de cette Association, sur les lois de la détente pratique.

Tableau O. — **Variation des Pressions de la vapeur avec les volumes pour diverses lois de détente.**

Nos	VALEURS DE L'EXPOSANT μ dans la formule $p = p_0 \left(\frac{v_0}{v}\right)^\mu$.	PRESSIONS AUX VOLUMES SUCCESSIFS CI-DESSOUS OCCUPÉS PAR LA VAPEUR.										PRESSION moyenne ou travail proportionnel.
		1	2	3	4	5	6	7	8	9	10	
1	Gaz permanents μ = 1,41	10,00	3,763	2,220	1,417	1,034	0,800	0,643	0,532	0,451	0,389	1,540
2	Redtenbacher μ = de 1,056 à 1,115	10,00	4,808	3,144	2,307	1,770	1,429	1,185	0,966	0,858	0,744	2,175
3	Zeuner μ = 1,135	10,00	4,553	2,874	2,073	1,609	1,309	1,099	0,942	0,825	0,732	2,043
4	Rankine μ = 1,111	10,00	4,633	2,954	2,146	1,675	1,369	1,153	0,994	0,872	0,775	2,100
5	Zeuner μ = 1,103	10,00	4,655	2,977	2,168	1,695	1,386	1,169	1,007	0,886	0,788	2,127
6	Regnault.................	10,00	4,780	3,104	2.285	1,802	1,484	1,259	1,092	0,963	0,860	2,241
7	Mariotte μ = 1.000	10,00	5,000	3,333	2,500	2,000	1,666	1,428	1,250	1,111	1,000	2,379
8	Diagrammes μ = 0,80	10,00	5,744	4,150	3,300	2,759	2,385	2,108	1,895	1,724	1,584	3,023
9	Id. μ = 0,50	10,00	7,071	5,773	5,000	4.472	4,083	3,780	3,535	3,333	3,161	4,470
10	Id. μ = 0,37	10,00	7,738	6,666	5,990	5,511	5,153	4,867	4,633	4,436	2,266	5,355
11	Machine fixe d'expériences..	10,00	6,820	6,250	5,910	5,770	5,680	5,500	5,360	5,230	5,120	5,540

Tableau P. — **Variation des Poids de vapeur avec les volumes pour diverses lois de détente.**

Nos	LOIS DE DÉTENTE.	POIDS DE VAPEUR PRÉSENT AU CYLINDRE AUX VOLUMES CI-DESSOUS.										TRAVAIL proportionnel pour l'unité de poids de vapeur.
		1	2	3	4	5	6	7	8	9	10	
1	Zeuner μ = 1,135	1,000	0,956	0,931	0,913	0,900	0,888	0 878	0,869	0,863	0,857	2,043
2	Redtenbacher............	1,000	1,006	1,043	1,035	0,984	0,965	0,944	0,890	0,875	0,869	2,085
3	Rankine μ = 1,111	1,000	0,971	0,955	0,943	0.934	0,927	0,920	0,914	0,909	0,904	2,100
4	Regnault.................	1,000	1,000	1,000	1,000	1,000	1,000	1,000	1,000	1,000	1,000	2,241
5	Mariotte μ = 1.000	1,000	1,044	1,069	1,089	1,104	1,116	1,125	1,135	1,141	1,149	2.070
6	Diagrammes μ = 0,80	1,000	1,189	1,315	1,413	1,493	1,562	1,623	1,678	1,727	1,772	1,706
7	Id. μ = 0,37	1,000	1,572	2,050	2.473	2,859	3,221	3,561	3,886	4,197	4,496	1,191
8	Machine fixe d'expériences..	1,000	1,325	1,818	2,310	2,803	3,258	3,712	4,166	4,621	5,076	1,091

Pour montrer que la loi représentée par l'équation $p = p_0 \left(\frac{v_0}{v}\right)^{\mu}$ avec $\mu = 0{,}37$ peut se rencontrer en pratique dans certaines conditions, nous avons fait figurer dans ce tableau les poids de vapeur donnés par le diagramme (fig. 1, pl. 2) de la machine fixe que nous avons étudiée; on voit que, bien que la croissance des poids ait lieu d'une manière sensiblement différente, le poids final est encore un peu supérieur à celui qui est donné par la formule ci-dessus avec $\mu = 0{,}37$.

Nous rappelons que nous avons donné dans les tableaux L et M, au sujet des expériences de Bauschinger, les rapports des pressions moyennes réelles aux pressions moyennes calculées d'après la loi de Mariotte pour diverses expansions.

Nous croyons qu'il n'est pas nécessaire d'insister sur des lois qui n'ont pas d'application pratique pour le cas des locomotives, mais il est bon de signaler l'erreur que commettent journellement les auteurs qui admettent que l'effet de l'enveloppe de vapeur est d'augmenter le travail disponible en relevant la courbe de détente; le contraire a lieu: l'action de l'enveloppe diminue la quantité d'eau au cylindre, et par suite la revaporisation; la courbe est donc moins surélevée. Tout au plus peut-on dire, qu'avec l'enveloppe, la revaporisation de l'eau condensée s'effectue un peu plus rapidement, et pendant la période d'expansion plutôt que dans celle d'échappement; mais il n'en est pas moins vrai que, sauf exception, la courbe de détente est moins surélevée avec la machine à enveloppe.

Il est d'autant plus singulier qu'on soit resté si longtemps à employer des lois de détente à courbes *surbaissées*, que depuis longtemps les expériences de Gooch et de Clark avaient signalé la variation des équivalents d'eau avec l'expansion, comme on l'a vu plus haut, mais ces expériences indiquent également comme celles de Bauschinger que la loi de détente varie suivant la valeur même des expansions et que par conséquent il ne peut pas y avoir de loi de détente ni unique ni simple.

On a vu plus haut qu'avec les faibles expansions la différence des équivalents d'eau final et initial est négative, tandis qu'elle est positive pour des expansions peu prolongées; il en résulte que la courbe qui figure l'expansion réelle doit être d'abord au-dessous de la courbe de Mariotte, pour la couper bientôt et passer au-dessus; on observe, en effet, généralement la forme dite *en fond de bateau*, composée de deux portions de courbes dont le diagramme d'indicateur (fig. 1, pl. 2) donne bien l'idée.

L'inspection des diagrammes de poids montre que, dès la fermeture de l'admission, il y a généralement diminution du poids de vapeur ; il y a, en effet, non-seulement condensation dans la masse par le fait même du travail dépensé à pousser le piston en avant, mais surtout il se produit encore une condensation contre les parois du cylindre, parois froides relativement que le piston découvre à mesure qu'il avance et condensation qui ne peut maintenant avoir lieu qu'aux dépens de la vapeur renfermée dans le cylindre. Aussi remarque-t-on que la courbe des pressions baisse très-rapidement.

Cet effet se prolonge jusqu'à la fin de la détente, si celle-ci est peu prolongée (fig. 1, 2, 3, 4, pl. 3). Si, au contraire, la détente est poussée plus loin, le régime se modifie ; la pression et par suite la température de la masse de vapeur ont baissé, et cette dernière diminue de plus en plus rapidement pour des abaissements égaux de pression. Il en résulte que les parois du cylindre et l'eau qui s'y trouve, soit en rosée sur les parois, soit en masse accumulée à la partie inférieure, se trouvent à une température plus élevée que la masse de vapeur.

Il y a donc échange de chaleur : très-peu par contact, beaucoup par rayonnement. Cet échange de chaleur produit un refroidissement de l'eau, mais une partie de cette eau se vaporisant par l'effet même de l'abaissement de pression, le reste éprouve une seconde cause de refroidissement. Quant aux parois métalliques elles subissent également une perte de chaleur correspondant à celle qu'elles cèdent à l'eau qui les recouvre pour la vaporiser.

On se trouve ainsi dans le cylindre en présence de phénomènes très-multiples qui tendent tous à la vaporisation d'eau liquide ou à la condensation de vapeur saturée.

Ainsi, condensation de vapeur par suite :

1° De la dilatation et du travail effectué ;

2° De ce que le piston découvre à chaque instant des tranches circulaires de la surface du cylindre, qui sont à une température plus basse que la vapeur.

Vaporisation :

1° De l'eau vésiculaire contenue dans la masse de la vapeur provenant de la chaudière, aux dépens de sa propre chaleur ;

2° Vaporisation de l'eau vésiculaire contenue dans la masse de vapeur et provenant, soit de la chaudière, soit de la condensation due au travail, aux dépens de la chaleur rayonnée par l'eau qui se trouve dans le cylindre sur les parois ou par ces parois elles-mêmes;

3° Vaporisation de l'eau qui se trouve sur les parois aux dépens de sa propre chaleur ou aux dépens de la chaleur des parois du cylindre.

Tous ces phénomènes sont extrêmement complexes et difficiles à analyser, sauf les premiers; on peut, en effet, calculer la quantité de vapeur qui sera ramenée à l'état liquide par suite de la perte de chaleur A T, correspondant à la production d'un certain travail T, par l'expansion adiabatique de la vapeur saturée sèche.

M. Douau a inséré une table contenant ces quantités pour diverses détentes dans le numéro de janvier-février 1877 des *Mémoires et compte rendu des travaux de la Société des Ingénieurs civils*, page 135. Le tableau P permet également d'apprécier ces condensations suivant les diverses lois de détente.

Quant aux autres phénomènes, s'ils se prêtent difficilement à l'analyse, on peut heureusement les relier ensemble et avec le premier par une relation fort simple.

Si on écarte le refroidissement extérieur du cylindre, refroidissement qu'on peut atténuer avec des précautions jusqu'à rendre tout à fait négligeable, sinon sa valeur même, tout au moins l'erreur qu'on fait en le calculant approximativement[1], on doit admettre que la seule cause qui modifie la somme de chaleur présente au cylindre d'un moment à l'autre de la détente, est la quantité de chaleur dépensée par le travail effectué. On peut donc poser en principe que la quantité de chaleur contenue tant dans l'eau que dans la vapeur et dans les parois du cylindre au moment de la fermeture de la lumière d'admission, sera égale à celle qui est contenue dans les mêmes éléments à la fin de la détente moins la quantité de chaleur A T correspondant au travail effectué pendant la détente.

Il s'en suit que, si on connaît l'une, on peut déterminer très-facilement l'autre, et que si à la fin de la détente toute l'eau se trouvait vaporisée, et le cylindre ne renfermait plus que de la vapeur saturée, on pourrait apprécier le poids de cette vapeur sur les diagrammes et en déduire le poids d'eau et de vapeur présent au cylindre à la fin de l'admission,

1. Ce refroidissement n'est cependant pas négligeable dans les locomotives, car les diagrammes d'indicateur présentent souvent une notable infériorité sur la face d'avant du cylindre qui est directement exposée à l'air dans la marche ordinaire de la machine.

poids sorti de la chaudière, sauf une partie réservée, comme on le verra plus loin, par la compression. L'ordonnée maxima de notre diagramme des poids donnerait donc la dépense réelle en vapeur sortie de la chaudière, telle que nous l'avons indiquée sur les figures.

Mais il est probable que, sauf avec des machines à enveloppes de vapeur, il n'en est jamais ainsi, et qu'il reste toujours une certaine quantité d'eau qui se vaporise pendant la période d'échappement et qui survit même à cette période.

Dans le mémoire sur les *Condensations de vapeur à l'intérieur des cylindres*, publié dans les *Annales des Mines*, par M. Ledoux, mémoire que nous avons déjà cité, cet Ingénieur admet que, lorsque la pression arrive, à la fin de la détente, à être égale à la contre-pression à l'échappement, toute l'eau a été vaporisée et qu'on peut dès lors calculer facilement le poids total de vapeur et d'eau sorti de la chaudière, si on connaît la proportion d'eau de ce mélange. Il nous semble difficile qu'il puisse en être ainsi dans des machines à mouvement aussi rapide que les locomotives, et les résultats comme dépense de vapeur auxquels arrive M. Ledoux par cette méthode, résultats à notre avis très-inférieurs aux chiffres de la pratique nous confirment dans cette opinion, que nous croyons pouvoir justifier plus loin.

Il n'est pas étonnant qu'en présence des phénomènes multiples et d'effets contraires qui se passent à la fois dans le cylindre, la variation des poids de vapeur se fasse quelquefois sans continuité et que les diagrammes de poids présentent des ondulations comme dans les figures 2, 3, 4, planche 2.

On a prétendu que ces ondulations provenaient des ondulations produites sur le diagramme des pressions par les effets dûs au ressort ou à la masse du piston de l'indicateur. Il ne semble pas nécessaire de recourir à cette explication; on comprend aisément que la vaporisation de l'eau condensée peut se produire avec quelque irrégularité et par soubresauts, comme celle que l'on détermine sous le piston de la machine pneumatique et celle qui se produit dans le réservoir d'eau chaude des machines dites *sans feu* [1]; il n'y a rien là que de très-admissible surtout dans une machine en mouvement de translation rapide, où l'eau accumulée parfois en masse à la partie inférieure des cylindres se trouve agitée et roulée sur les parois.

1. On peut constater journellement un phénomène de ce genre dans les syphons d'eau

Nous avons montré qu'il y a toujours de l'eau dans les cylindres; la présence de cette eau rend très-faciles à expliquer les phénomènes qui se passent. En effet, on comprend très-bien que des surfaces métalliques polies qui ne rayonnent que faiblement à leur état naturel puissent émettre énergiquement, recouvertes d'une couche infiniment mince de rosée, de même que les parois polies d'un cube de Leslie en laiton rayonnent du calorique lorsqu'on les vernit avec un gaz ou une vapeur à pouvoir émissif considérable (expériences rapportées par M. Tyndall).

Nous avons vu également que l'eau contenue au cylindre et provenant soit de la chaudière même[1], soit de la condensation pendant l'admission, se vaporise pendant la détente et détermine l'exhaussement de la courbe des pressions. Mais il est facile de voir que l'utilisation de cette vapeur n'est pas bonne, et que le travail produit n'est pas en rapport avec la chaleur dépensée. On a vu, en effet, qu'il ne se vaporisait qu'une partie de l'eau condensée et que celle-ci augmente toujours. Quant à l'eau entraînée, supposons qu'elle se vaporise à une température moyenne entre les températures extrêmes de la détente. 1 kilogramme d'eau tombant de 170,8 degrés (8 atmosphères) à 100 degrés, pourra donner naissance à $0^{k},129$ de vapeur à une pression moyenne de 3,15 atmosphères.

Quel sera le travail effectué par la détente de cette vapeur de 3,15 à 1 ?

Les 129 grammes de vapeur représentant $\frac{0^{k},129}{1.78} = 0^{mc},0725$, le travail sera :

$$T = 0,0725 \times 3.15 \times 10330 \times \text{Log. } 3.15 = 2760^{kgm},$$

la chaleur dépensée étant 172,9 calories, chacune n'a produit que 16 kilogrammètres, au maximum, car nous n'avons pas tenu compte de la contre-pression ; ce rendement est très-défavorable, puisque dans les machines pratiques, à raison de 12 kilogrammes de vapeur par cheval, une calorie rend $\frac{270\,000}{12 \times 650} = 34,6$ kilogrammètres, soit plus

de Seltz, où l'émission du gaz de la masse liquide se fait brusquement, lorsque la pression a déjà notablement baissé dans l'intérieur, par suite de la sortie de l'eau.

1. L'eau entraînée hors de la chaudière l'est sous deux formes distinctes, sous celle d'eau vésiculaire intimement mélangée avec la vapeur et en proportions relativement modérées, et sous celle d'eau liquide extraite par les projections ou ébullitions dont la proportion est quelquefois très-considérable ; les Anglais distinguent ces deux espèces d'entraînements par les expressions de *spray* et de *priming ;* la seconde est plus nuisible, d'abord parce qu'elle est plus abondante et aussi parce qu'elle reste en masse au fond des cylindres dans les meilleures conditions pour absorber et resorber le calorique, au lieu de demeurer en suspension dans la masse de vapeur.

du double. La dernière colonne du tableau P donne le travail proportionnel pour l'unité de poids de vapeur suivant les diverses lois de détente. On voit que les formules théoriques conduisent à un rendement bien supérieur au rendement réel.

On a vu que sur le diagramme des poids il y a généralement, au moment de la fermeture à l'admission, un point d'arrêt dans l'accroissement du poids de vapeur présent au cylindre. Il y a des cas (fig. 14, pl. 1) où on ne constate pas ce point d'arrêt. On peut expliquer ce fait par l'étranglement qui a précédé la fermeture et déterminé une sorte de détente dès le commencement de la course; il se fait alors une condensation sur les parois et une vaporisation dans la masse de vapeur, et le diagramme enregistre la différence de ces deux effets, c'est-à-dire dans l'espèce, un accroissement continu du poids de vapeur.

La détente théorique cesse au moment de l'ouverture de la lumière à l'échappement; mais comme cette ouverture a lieu progressivement, la pression ne décroît pas brusquement, et il se fait un prolongement de détente jusqu'à la fin de la course. Sans cette circonstance favorable, l'avance à l'échappement augmentant à mesure que la période d'admission est plus courte, tout au moins avec le mode de distribution employé sur les locomotives, la durée maxima de la détente absolue serait très-réduite sur ce genre de machines.

Nous devons nous reporter maintenant à la période d'échappement pour suivre le mélange d'eau et de vapeur dans ses évolutions.

3° ÉCHAPPEMENT.

Comme on vient de le voir, l'échappement dans les locomotives commence souvent bien avant que le piston soit à fin de course; il peut commencer à la moitié de la course avec des admissions extrêmement réduites; il constitue alors une prolongation de la période de détente, et l'évaporation de l'eau contenue au cylindre se continue. Mais comme une partie de la vapeur sort du cylindre, le diagramme des poids ne peut plus donner d'indications sur le poids de vapeur qui continue à se former par l'évaporation de l'eau. Nous avons déjà dit qu'il nous paraît difficile d'admettre que si à la fin de la course la pression est devenue égale à la contre-pression, toute l'eau est évaporée et qu'il n'y a plus que de la vapeur saturée.

Contrairement à ce qui se passe pendant la détente, pendant la période d'échappement proprement dit, la vapeur qui se forme encore ne produit aucun effet utile, elle peut tout au plus gêner l'échappement et accroître la contre-pression. Dans les machines à condensation, la quantité de vapeur formée pendant l'échappement est assez considérable pour qu'on ait pu remarquer que dans des machines sans enveloppe, le vide était plus difficile à tenir lorsqu'on marchait à grande détente que lorsqu'on introduisait davantage.

Dans les machines Compound, au contraire, la révaporisation qui peut se faire au petit cylindre pendant l'échappement n'est pas sans effet utile, puisque cette vapeur va travailler au grand cylindre.

On voit sur le diagramme des poids que certaines courbes accusent pendant l'échappement des ondulations.

Il est probable que ces ondulations tiennent également à des productions brusques de vapeur formée aux dépens de l'eau liquide existant encore au cylindre.

Avant de quitter la question de l'échappement, nous devons signaler un point qui ne laisse pas que d'être spécieux.

La condensation au cylindre pendant l'admission est produite par le refroidissement du cylindre et de l'eau contenue, refroidissement régi en définitive par la différence des températures extrêmes de la chaudière et du condenseur, ce dernier terme étant pris dans son acception la plus générale ; il semble donc que ce refroidissement n'a que peu de choses à voir avec le plus ou moins de détente, et qu'il tient surtout à la différence des pressions extrêmes ou plutôt à la chute de température qu'elle détermine. On peut remarquer d'abord que, moins la vapeur s'est détendue, moins elle s'est refroidie, et que par conséquent elle peut, pendant l'échappement, céder de la chaleur; mais il y a une considération bien plus importante, c'est que si on admet que le refroidissement interne est une constante pour un cylindre de dimensions données et pour une même chute de température, la perte de vapeur absolue pourra bien être la même, quelle que soit la détente, mais la perte relative sera d'autant plus grande qu'on introduira moins de vapeur au cylindre, et par conséquent qu'on détendra davantage.

Si, par exemple, la perte de vapeur est de 10 grammes par coup de piston, on aura, pour diverses expansions, les pertes relatives ci-dessous :

Tableau Q.

ADMISSION réelle en centièmes.	POIDS apparent de vapeur.	POIDS condensé.	POIDS total.	RAPPORT du poids condensé au poids total.
0,20	20gr.	10gr.	30gr.	0,333
0,30	30	10	40	0,250
0,40	40	10	50	0,200
0,50	50	10	60	0,166
0,60	60	10	70	0,143
0,80	80	10	90	0,111
0,90	90	10	100	0,100

4° COMPRESSION.

Avant la fin de la course de retour, la lumière d'échappement se ferme, et une certaine quantité de vapeur reste enfermée dans le cylindre où elle est comprimée jusqu'à ce que, tout près de la fin de la course, la lumière d'admission s'ouvre pour laisser entrer la vapeur de la chaudière, ce qui ferme le cycle que nous étudions. La compression correspond quelquefois presque à la moitié de la course avec des introductions très-réduites.

La loi de la compression n'est pas plus facile à déterminer que celle de la détente dont elle constitue le phénomène inverse. M. Bauschinger a constaté que la courbe de la compression réelle est au-dessous de toutes les autres, de même que la courbe de détente pratique est au-dessus.

Si au moment de la fermeture de la lumière à l'échappement, il n'y a que de la vapeur saturée dans le cylindre, cette vapeur est comprimée, et si les parois étaient imperméables au calorique, la vapeur se surchaufferait en absorbant une quantité de chaleur correspondant au travail de compression; mais cela n'arrive jamais, et si dans les détentes modérées (fig. 5, pl. 2, et fig. 1, 2, 3, 4, pl. 3) la ligne de compression est sensiblement horizontale, avec les fortes expansions (fig. 14, pl. 1, et fig. 2, 3, 4, pl. 2), le diagramme accuse une condensation très-notable de vapeur.

Comment se fait cette condensation? Il est possible qu'elle ait exclusivement lieu sur les parois métalliques du cylindre, mais, d'après ce qui a été déjà exposé, il est bien possible aussi qu'elle s'opère sur de l'eau restée au cylindre. On voit dans certains diagrammes que le poids de vapeur augmente d'abord pour diminuer ensuite rapidement. Dans ce cas, la première chaleur développée par la compression produirait la vaporisation du reste de l'eau vésiculaire contenue dans la vapeur, ce qui justifierait la supposition que nous avons émise plus haut, puis quand cette eau est vaporisée la compression augmente au point de rendre la température de la vapeur notablement supérieure à celle des parois du cylindre et de l'eau liquide encore présente; la condensation se produit et le poids de vapeur diminue rapidement jusqu'à la fin de la course, au moment où l'admission s'ouvre et où la vapeur de la chaudière afflue. Il peut se produire simultanément, à l'inverse de ce que nous avons constaté pendant la détente, vaporisation ou surchauffe dans la masse, et condensation au contact des parois.

On a beaucoup discuté sur les avantages et les inconvénients de la compression. C'est une appréciation inexacte du rôle de ce phénomène qui a fait proposer pour les locomotives les systèmes de doubles tiroirs dont il sera question plus loin et dont le but était en grande partie de permettre de faire de fortes détentes sans compression ou tout au moins avec très-peu de compression.

Les avantages de la compression sont au nombre de trois :

1° Elle diminue la dépense de vapeur dans des proportions assez notables en conservant dans les cylindres une quantité de vapeur qui remplit les espaces neutres et économise en tout ou partie leur remplissage par de la vapeur fraîche. Cette quantité peut être considérable; on voit, sur certains diagrammes de poids, qu'elle peut presque atteindre la moitié de celle qui existe au cylindre à la fin de l'admission, tandis que le travail négatif représenté par la compression est loin d'atteindre cette proportion par rapport au travail total.

2° La compression fournit une quantité de chaleur qui est absorbée par les parois du cylindre et l'eau encore contenue, et qui vient en déduction de la chaleur à fournir par la vapeur fraîche. On peut dire que le travail absorbé par la compression est intégralement restitué en chaleur ou en travail proprement dit.

Doit-on en conclure, comme quelques Ingénieurs, que la compression supprime les condensations pendant l'admission? Il ne faut pas aller si loin.

En effet, si on prend (fig. 14, pl. 107), le travail négatif dans le cylindre, on trouve qu'il correspond à 1100 kilogrammètres en nombre rond, représentant $\frac{1100}{425} = 2,6$ calories.

Cette quantité de chaleur correspondrait à la condensation de $\frac{2.6}{455} = 6$ grammes de vapeur en nombre rond.

Or on trouve sur le même diagramme qu'à la fin de l'admission le cylindre contenait 57 grammes de vapeur saturée, et à la fin de la détente 90. L'augmentation a donc été de 33 grammes, ce qui accuse la condensation pendant l'admission d'un poids au moins égal et probablement bien supérieur de vapeur fraîche, la compression ne pourrait donc suppléer qu'à $\frac{6}{33} = 18$ pour cent environ de cette condensation ; c'est relativement faible.

3° La compression présente dans les machines à grande vitesse, telles que les locomotives, un avantage très-précieux pour atténuer les chocs des articulations, et les pertes de puissance vive ; avec l'avance à l'admission, elle empêche le choc sur le piston qui se produirait au commencement de la course.

Les axes ont toujours en pratique un jeu dans les coussinets. Entre un bouton de manivelle et une tête de bielle motrice, par exemple, le jeu existe en avant du bouton dans le sens du mouvement, lorsque la bielle pousse, en arrière, lorsqu'elle tire, et si le changement de sens du mouvement a lieu à fin de course, lorsque le bouton de manivelle est en repos, le choc a lieu en vertu du jeu, le piston, la tige et la bielle parcourant sans résistance l'espace égal au jeu.

Au contraire, avec la compression, le bouton de manivelle est animé d'une certaine vitesse, tandis que le mouvement du piston et des organes qui lui sont attachés se trouve ralenti par la compression, et le choc, n'ayant plus lieu qu'en vertu de la différence des deux vitesses, se trouve très-atténué.

La compression produit partiellement l'effet qu'on réalise dans certaines machines où l'effort a lieu constamment dans le même sens, par exemple, la pédale du tour au pied et des machines à coudre, les machines à trois cylindres à simple effet du système Brotherhood, où la bielle est toujours sollicitée dans le même sens; ces machines peuvent ainsi fonctionner sans choc à des vitesses très-considérables qu'elles ne pourraient pas atteindre autrement.

En revanche la compression n'est pas gratuite, elle produit une perte de travail absolue qui peut être assez considérable. Les 1100 kilogrammètres que nous avons trouvé tout à l'heure pour le travail absorbé pendant une demi-course donneraient, pour 119 tours par minute :

$$\frac{1100 \times 2}{75} \times \frac{119}{60} = 58,5 \text{ chevaux bruts}$$

pour chaque cylindre ; c'est une fraction très-notable du travail total disponible qui avec une ordonnée moyenne effective de $2^k,06$, serait :

$$T = 1294 \times 2^k,06 \times 0,61 \times 2 \times \frac{119}{60} = 6452 \text{ kilogrammètres}$$

ou 86 chevaux; mais il faut remarquer que les 58,6 chevaux du travail résistant doivent être réduits du travail de la contre-pression ordinaire et seraient seulement de la moitié environ, soit 29,3 chevaux, ou 25.5 pour cent du travail total développé par la vapeur.

Le poids de vapeur présent au cylindre à la fin de la compression étant à peu près dans la même proportion par rapport au poids entré pendant l'admission sous forme de vapeur, on voit que la compression économise à peu près ce qu'elle coûte, de sorte que ses avantages calorifiques et mécaniques peuvent être considérés comme gratuits. Elle a, il est vrai, l'inconvénient de réduire le travail absolu disponible, mais, comme, lorsqu'on marche à grande détente dans les locomotives, on n'a pas besoin de produire de grands efforts, cet inconvénient est peu sérieux.

Il est juste de rappeler que l'influence de la perméabilité au calorique des parois des cylindres sur la manière dont s'opère la compression (et aussi la détente) était indiquée, dès 1851, avec une précision remarquable dans le *Guide du Mécanicien*, cet ouvrage classique où tout ce qui concerne la locomotive est traité avec une admirable justesse de vues.

Nous allons maintenant examiner comment on peut trouver la consommation de vapeur relative à l'unité de puissance, le cheval brut développé sur les pistons des machines locomotives.

5° CONSOMMATION DE VAPEUR.

Nos collègues se rappellent que la question de la consommation de vapeur par cheval dans les locomotives a été vivement débattue dans les discussions qui suivirent la communication faite à la Société par M. Mékarski, sur son système de traction par l'air comprimé.

On a peu de données sur ce sujet, surtout à cause de la difficulté qu'on éprouve à se rendre un compte à peu près exact de la puissance développée qui est en général très-variable.

Tandis que les uns considèrent les locomotives comme des machines utilisant assez mal la vapeur, et dépensant nécessairement beaucoup, d'autres, au contraire, ont émis à ce sujet les opinions les plus singulières. On pourrait rappeler ici que, dans certaines séances de la Société, il y a déjà assez longtemps il est vrai, un de nos collègues a cru pouvoir démontrer qu'une locomotive à marchandises, système Engerth, ne dépensait que 880 grammes de charbon par *cheval net* et par heure, ce qui aurait mis la dépense par cheval brut à environ 750 grammes, consommation qui n'a été atteinte que tout récemment et exceptionnellement avec les meilleures machines marines Compound à condensation par surface. Ces exagérations tiennent simplement, ainsi que nous avons eu déjà l'occasion de le signaler, à ce qu'on divise la consommation d'une heure par un travail maximum que la machine n'a peut-être réalisé que pendant quelques minutes.

Il est bon de dire tout de suite que des consommations semblables ne sont pas réalisables dans les machines locomotives, car elles sont *inférieures* aux dépenses théoriques.

Il est facile de s'en rendre compte par le tableau ci-dessous qui donne, d'après Zeuner, le poids de vapeur sèche que dépenserait par cheval brut et par heure une machine à vapeur *parfaite*, c'est-à-dire à détente et compression complètes, et le poids de combustible compté à raison de $1^k,0$ pour 8 kilogrammes de vapeur sèche.

Pressions en atmosphères.	1 1/2	3	4	5	6	8	10
Poids de vapeur........	$33^k.14$	14,91	11,95	10,39	9,41	8,22	7,51
Poids de charbon.......	$4^k,18$	1,86	1,50	1,30	1,18	1,03	0,94

Il n'est pas besoin d'ajouter que la consommation de la machine *parfaite* ne peut être approchée que de loin.

On peut apprécier la consommation des machines locomotives par des expériences directes, comme l'ont fait M. Bauschinger, et dans une certaine mesure MM. Vuillemin, Guebhard et Dieudonné ; mais en admettant même qu'on puisse déterminer avec une exactitude suffisante le travail moyen développé, et c'est là la grande difficulté, il resterait une cause d'incertitude très-sérieuse, la proportion d'eau entraînée ; il est vrai que le résultat obtenu dans ces conditions peut être considéré comme une valeur maximum.

Pour les machines fixes, on peut employer, pour mesurer la proportion d'eau entraînée, la méthode calorimétrique de M. Hirn ; mais cette méthode n'a pas été encore appliquée aux locomotives, et il est peu probable qu'elle le soit jamais, tout au moins sur ces machines en mouvement, à cause de la délicatesse des appareils.

On trouvera, dans le mémoire déjà cité de M. Ledoux, les moyens que cet Ingénieur propose pour arriver à cette constatation sur les locomotives, moyens sur lesquels plane, à notre avis, une cause d'incertitude qu'on ne saurait négliger.

Il serait cependant bien à désirer qu'on pût une bonne fois être édifié sur la valeur réelle des entraînements d'eau dans les locomotives.

Dans le tableau K, où nous avons reproduit les résultats généraux des expériences de M. Bauschinger, on voit que la dépense brute d'eau par cheval indiqué et par heure, mesurée au tender, a varié de $11^k,90$ à 16,05 kilogrammes pour les machines à distribution ordinaire, soit 14,07 kilogrammes pour la moyenne de 14 expériences et de 15.20 à 20.50 pour les machines à détente Meyer, soit 17.02 pour la moyenne de 12 expériences ; la moyenne générale des 26 chiffres donnés dans le tableau étant de $15^k,43$.

Avec un coefficient moyen de $\frac{1.00}{0,85}$ pour passer du travail brut sur les pistons, au travail net à la jante, on arriverait pour les premières machines à une consommation de 16.55, et pour les secondes de 20 kilogrammes, soit avec une production de 8 kilogrammes de vapeur[1] par kilogramme de combustible $2^k,07$ et $2^k,50$.

Ces consommations doivent être considérées comme extrêmement modérées.

Il y a à ce sujet lieu de faire des réserves. Les machines expérimen-

1. Ce chiffre de 8 kilogrammes par kilogramme de combustible est un chiffre fictif, car les expériences de Bauschinger ont donné comme chiffre maximum pour la tourbe 6,27, et moyen 3,92, et pour la houille 6,71 au maximum et en moyenne 6,14.

tées par M. Bauschinger ont en général développé peu de travail, la puissance développée n'ayant jamais dépassé qu'exceptionnellement 3 chevaux bruts par mètre carré de surface de chauffe, et la production de vapeur ayant presque toujours été limitée à un taux très-modéré par mètre carré[1]. De plus la plupart des machines étaient chauffées à la tourbe, combustible qui donne une température régulière mais relativement peu élevée. Il est donc permis de croire que la lenteur de la vaporisation devait favoriser la siccité relative de la vapeur (on s'est d'ailleurs appliqué, dans les expériences à marcher avec des niveaux d'eau aussi constants que possible) et que la correction pour la proportion d'eau entraînée serait assez faible; c'est pour cela que nous avons pris un chiffre de vaporisation de 8 kilogrammes pour de la houille, ce qui suppose de la vapeur contenant peu d'eau mélangée et du combustible de bonne qualité.

Enfin, la difficulté principale, comme nous l'avons dit, est d'apprécier assez exactement le travail total auquel correspond la dépense d'eau mesurée. Certains parcours dont la durée atteint, il est vrai, trois heures de fonctionnement, ont exigé le relèvement de 34 diagrammes d'indicateur. Mais malgré les soins et les précautions employés, peut-on répondre que ces 34 diagrammes, relevés en moyenne à cinq minutes d'intervalle, permettent de sommer exactement le travail développé? La méthode employée par M. Bauschinger pour faire concourir la moyenne des pressions observées à la chaudière pendant le parcours total, à l'obtention de la moyenne du travail réalisé, ne nous paraît pas de tout point irréprochable. Ce serait dans des expériences de ce genre qu'il serait utile d'employer les indicateurs totalisateurs de Lapointe et Garnier et de Moseley[2], dont le principe est bien connu.

Les chiffres de dépense d'eau par cheval net, donnés dans le Mémoire des Ingénieurs de l'Est se rapprochent sensiblement, dans beaucoup de cas, du chiffre moyen des expériences de Bauschinger; cependant ils s'élèvent notablement au-dessus, dans d'autres cas, atteignant, par exemple, 25 et même 29 kilogrammes, soit 21,25 et 24,65 kilogrammes

1. Les productions de vapeur par mètre carré qui figurent au tableau K ont été obtenues en divisant la consommation de vapeur rapportée à l'heure par le travail moyen, ce sont donc des productions fictives; les vaporisations constatées expérimentalement ne dépassent pas 35^{k},37 et descendent à 13^{k},39.

Il est donc probable que la chaleur emmagasinée dans l'eau était appelée à fournir parfois une notable proportion de vapeur, et qu'on marchait dans ce cas *à l'eau chaude*.

2. *Société des Ingénieurs civils*, année 1873, page 817.

par cheval brut, ce qui peut s'expliquer par des conditions exceptionnellement défavorables de fonctionnement, telles que des expansions exagérées ou un entraînement d'eau excessif, tandis que parfois, au contraire, ils descendent à des taux extrêmement bas, $12^k,73$ et même $11^k,03$, soit $10^k,82$ et $9^k,38$ par cheval brut. Nous considérons ces dernières valeurs comme tout à fait inadmissibles, d'abord parce qu'elles se rapprochent infiniment trop des dépenses de la machine parfaite ; et aussi parce qu'elles font exception au milieu de la masse des chiffres qui forment l'ensemble des observations. Mais ces valeurs extrêmes écartées, on peut admettre la concordance générale des résultats de ces expériences avec ceux des expériences de Bauschinger.

La constatation directe de la dépense d'eau est difficile et délicate à faire, sinon en elle-même, du moins par rapport au travail réel effectué dans une période quelquefois assez longue ; il faut, en effet, en dehors de la constatation du volume d'eau pris dans les caisses, s'assurer de la variation du niveau d'eau de la chaudière, ce qui est très-délicat, et aussi de la variation de la pression, et introduire, s'il y a lieu, des corrections de ces deux chefs. Aussi cherche-t-on, de préférence, à estimer la dépense d'eau d'après les diagrammes d'indicateur. Seulement, ceux-ci, comme nous l'avons fait observer déjà si souvent, ne donnent que des indications incomplètes, au moins en général, relativement à la dépense réelle de vapeur.

Si on désigne par P le poids d'eau réellement sorti des caisses, par p' le poids estimé sur les diagrammes à la fin de l'admission, p le même poids à la fin de la détente, on aura : $P > p > p'$.

En outre p sera plus grand que p', sauf, comme on l'a vu plus haut, pour les très-faibles expansions.

Il est bien entendu, d'ailleurs, que les valeurs p et p' sont les poids de vapeur présents au cylindre aux périodes indiquées de la course du piston, déduction faite du poids de vapeur présent au commencement de la compression.

Nous ferons remarquer aussi que P est le poids brut d'eau sorti de la chaudière et comprend par conséquent l'eau entraînée avec la vapeur ; si on connaissait cette proportion exactement, les rapports dont nous allons parler présenteraient une bien plus grande précision.

Si on désigne $\frac{P}{p}$ par K et $\frac{p}{p'} = K'$, ces coefficients K et K' pourront servir à déduire P des valeurs p et p', qu'on obtient au moyen des diagrammes d'indicateur. Ces coefficients varient avec l'expansion de la vapeur comme on peut s'en assurer en consultant le tableau K. On voit que les valeurs de K ont varié de 1.148 à 1.541, c'est-à-dire qu'il faut, à la quantité de vapeur trouvée à la fin de la détente, ajouter de 15 à 54 pour cent pour avoir la dépense réelle, avec l'eau entraînée, il est vrai.

Si on estime cette dernière, ou du moins la quantité qui ne s'est pas vaporisée pendant la détente à 10 pour cent, l'excédant en vapeur sera de 5 à 44 pour cent, suivant l'expansion.

La valeur de $\frac{P}{p}$, ou, si l'on préfère, l'excédant de P sur p, est dans bien des cas trop grande pour qu'il soit possible de supposer que cet excédant est de l'eau entraînée et non vaporisée pendant la détente ; il faut donc bien admettre qu'il reste de l'eau dans le cylindre à la fin de la détente, eau dont une partie plus ou moins considérable se vaporise pendant l'échappement.

En général, on ne possède pas de courbes d'indicateur ; on peut alors, connaissant la régulation de la machine, le cran du secteur, la pression à la chaudière et la vitesse de rotation, calculer approximativement le poids de vapeur présent au cylindre au commencement de la détente ; on a vu que c'est ainsi que procédaient certains expérimentateurs. Ce procédé conduit sûrement aux résultats les plus erronés, lorsqu'on l'applique tel quel ; toutefois en le corrigeant au moyen du coefficient $K' = \frac{P}{p'}$, on pourrait obtenir des chiffres qui donneraient des approximations suffisantes dans la plupart des cas de la pratique.

L'énorme valeur que peut acquérir le coefficient K' montre quelle erreur énorme on peut commettre en prenant pour dépense réelle de vapeur la dépense apparente au commencement de la détente. En effet, par suite du relèvement de la courbe d'expansion, à cette dépense apparente correspond, par suite de l'addition successive de vapeur que nous avons signalée comme fait caractéristique, un travail bien plus considérable qu'il ne serait sans cette addition, et inversement au travail constaté sur le diagramme, correspond une dépense apparente de vapeur beaucoup plus faible qu'elle ne devrait l'être. Aussi trouve-t-on sur le tableau K des dépenses apparentes de $6^k,07$ et même $4^k,81$ de vapeur par cheval brut et par heure ; alors que la machine parfaite dépenserait de 8 à 9 kilogrammes ; on trouve même des chiffres encore inférieurs, comme on le verra sur le tableau R que nous avons dressé d'après les résultats partiels d'expériences de Bauschinger, pour bien faire voir combien est grande la différence des constatations faites au commencement et à la fin de la détente, cette différence s'annulant pour des expansions très-faibles. La différence des équivalents d'eau devient, dans ce cas, nulle et même négative, comme on l'a déjà indiqué.

La figure 11, planche 1, représente graphiquement la variation par rapport à l'expansion des dépenses de vapeur par cheval au commencement et à la fin de la détente.

Tableau R.

MACHINES.	ADMISSION RÉELLE.	VALEURS MESURÉES			
		à la fin de la détente.		au commencement de la détente.	
		TRAVAIL BRUT par kilogramme de vapeur.	DÉPENSE de vapeur par cheval.	TRAVAIL BRUT par kilogramme de vapeur.	DÉPENSE de vapeur par cheval.
		kilogrammètres.	kg.	kilogrammètres.	kg.
A.	0,20	26,700	10,11	86,100	3,14
	0,34	26,400	10,23	40,800	6,62
	0,46	24,900	10,84	29,200	9,24
	0,54	23,700	11,39	26,100	10,23
	0,59	22,200	12,16	24,600	11,00
	0,75	19,800	13,64	19,500	13,85
B..	0,79	16,800	16,00	16,800	16,00

Nous ne saurions trop exprimer le vœu de voir se répéter des expériences du genre de celles de Bauschinger, mais comme ces expériences sont très difficiles à exécuter, il semble qu'on obtiendrait des éclaircissements déjà bien satisfaisants en opérant dans la voie suivie par M. Grimburg, c'est-à-dire en faisant fonctionner sur place une locomotive convenablement calée sur des chantiers.

On ferait tourner les roues à des vitesses différentes et exactement mesurées en absorbant le travail par des freins convenablement serrés et bien arrosés, comme des freins de Prony; on relèverait très-fréquemment des diagrammes d'indicateur et on mesurerait l'eau dépensée. On obtiendrait ainsi des indications très-précieuses sur le fonctionnement de la vapeur à des vitesses et des introductions variables, et des comparaisons intéressantes entre les divers systèmes de machines, par une méthode analogue à celle qu'on a employée au chemin de fer du

Nord, il y a quelques années, pour étudier la vaporisation dans les chaudières de locomotives. Il serait facile d'imaginer des installations permanentes, très-commodes pour ce genre d'expériences, que nous serions heureux de voir pratiquer dans les grandes Compagnies de chemins de fer.

Avant de passer à l'examen des divers moyens qu'on a proposés pour réduire la consommation de vapeur des machines locomotives, nous croyons devoir résumer les conclusions qu'on peut tirer de l'étude du fonctionnement actuel de ces machines :

1° La dépense apparente de vapeur, mesurée par le volume introduit sous une pression connue, est toujours inférieure à la dépense réelle de vapeur même sèche, et doit, pour y correspondre, être affectée d'un coefficient supérieur à l'unité, et dont la valeur croît rapidement avec le taux de l'expansion.

2° On peut estimer aux environs de 14 à 16 kilogrammes la dépense de vapeur dans un état de siccité ordinaire, nécessaire pour produire un cheval pendant une heure, dans des conditions moyennes de fonctionnement et sans exagération de détente.

3° L'exagération de l'expansion augmente rapidement la valeur de la différence entre les poids apparent et réel de vapeur dépensée pour l'unité de puissance, de sorte qu'il y a une limite, un peu variable d'ailleurs, au delà de laquelle, on dépense d'autant plus de vapeur qu'on introduit moins longtemps, sans vouloir préciser absolument cette limite, on peut dire que, dans les locomotives actuelles, il n'y a guère d'intérêt à réduire l'admission à moins de 40 à 45 pour cent de la course.

4° La vitesse de fonctionnement ne paraît pas avoir d'influence sensible, ni en bien, ni en mal, sur le rendement de la vapeur, tout au moins avec des proportions de passages convenables et dans les limites de vitesse usitées généralement, soit entre 100 et 200 tours par minute.

5° Les améliorations à poursuivre dans les machines locomotives consistent essentiellement dans les moyens de réduire la valeur des coefficients $\frac{P}{p}$ et $\frac{P}{p'}$, qui affectent la dépense apparente de vapeur et non dans la diminution de cette dépense apparente qui est tout à fait fictive.

Il est, d'ailleurs, évident que ces perfectionnements doivent, à cause même de la nature spéciale des machines dont il s'agit, satisfaire à certaines conditions.

Le journal *Engineering*, dans un article consacré à ce sujet, paru en novembre 1871, tout en paraissant peu favorable en principe aux perfectionnements apportés aux locomotives, dans un but économique (*fuel-saving*), en général médiocrément apprécié en Angleterre, du moins pour les chemins de fer, établissait fort justement qu'il n'est pas possible de poser la question d'une manière absolue.

Il faut, pour justifier une dépense d'installation destinée à réduire la consommation de combustible, que l'intérêt et l'amortissement de cette dépense calculés à raison de *quinze pour cent* environ, soient inférieurs à l'économie annuelle réalisée sur la dépense de combustible.

Sur la plupart des chemins de fer anglais, cette dernière est assez faible pour exiger une économie considérable ou une dépense très-modérée. Il y a cependant des exceptions, par exemple, sur le *North-London* et surtout sur le *Métropolitan* où le parcours kilométrique annuel (*mileage*) de chaque machine est élevé et le combustible (de choix à cause de la fumée) très-coûteux.

Nous avons dressé le tableau ci-dessous donnant pour ces chemins, ainsi que pour la moyenne des chemins de fer français, la dépense de transformation ou d'installation des machines qu'on pourrait se permettre dans les divers cas.

Tableau S.

CHEMINS DE FER.	DÉPENSE ANNUELLE de combustible par machine.	ÉCONOMIES RÉALISÉES.	DÉPENSE MAXIMA possible d'établissement.
Moyenne des chemins de fer anglais	3550fr	10 %	2366fr
		20	4732
		25	5916
North-London	6600	10	4440
		20	8880
		25	11000
Metropolitan	13200	10	8880
		20	17760
		25	22200
Moyenne des chemins de fer français	6000	10	4000
		20	8000
		25	10000

Nous rappelons, d'ailleurs, que l'économie absolue de combustible n'est pas toujours la seule mesure de l'avantage pouvant résulter de dispositions économiques, et que, si des arrangements supprimant *absolument* la dépense de combustible pouvaient être, en définitive, quelquefois trop coûteux d'emploi, inversement il pourrait arriver qu'on eût intérêt à employer des dispositions économiques, alors même que le combustible ne coûterait absolument rien, par exemple, pour permettre les longs parcours sans renouvellement d'approvisionnements, comme nous l'avons indiqué au commencement de ce travail.

V. — Des moyens proposés pour améliorer l'utilisation de la vapeur dans les locomotives.

On a proposé divers moyens pour améliorer l'utilisation de la vapeur dans les machines locomotives.

Ces moyens sont, en général, analogues à ceux qui ont été employés pour les autres genres de machines à vapeur, mais quelques-uns empruntent un intérêt spécial aux particularités de fonctionnement des machines qui nous occupent. Ils appartiennent, d'ailleurs, à des ordres distincts, suivant qu'ils cherchent à combattre des défauts mécaniques ou géométriques, ou bien des défauts physiques.

PREMIÈRE CLASSE.

On ne trouve guère dans cette classe que les modifications proposées aux systèmes de distribution employés dans les locomotives; mais il y en a une quantité. Nous nous bornerons à citer les anciennes distributions à doubles tiroirs d'Edwards, de Meyer, de Gonzenbach, de Delpech, la distribution de Polonceau, celle plus récente de Guinotte; parmi celles à simple tiroir, celle de Déprez, etc.

Il n'est pas question, bien entendu, des systèmes qui ont seulement pour but, soit de simplifier les distributions, soit d'en améliorer l'arrangement au point de vue de la construction, de la durée, etc.

L'idée générale qui dominait était de faire des mécanismes permettant la variation de l'admission au cylindre, sans entraîner de modification notable des autres phases de la distribution, notamment de l'avance à l'échappement et de la compression, et sans réduire sensiblement l'ouverture maxima des lumières; le but c'était d'augmenter l'utilisation de la vapeur en atténuant certaines pertes auxquelles on attribuait une grande importance, et aussi d'accroître l'expansion réalisable, expansion que nous avons vue limitée à un taux insuffisant pour les pressions initiales en usage, avec le mode de détente variable universellement usité actuellement.

Il est facile de constater, en effet, qu'avec la variation de la détente par la variation de la course du tiroir, l'arrivée de la vapeur au cylindre est d'autant plus gênée que la durée de l'admission est plus courte.

On nous permettra d'entrer dans quelques détails sur ce point.

Si on établit pour diverses admissions : 1° le volume de vapeur admis au cylindre, volume qui est sensiblement dans le rapport de la fraction de course correspondant à l'admission ; 2° la durée de cette période qui peut être représentée par la portion du cercle décrit par le bouton de manivelle pendant l'admission (cette durée sera la longueur de l'arc α correspondant à une admission égale à $1 \pm \cos. \alpha$), on trouve que le volume de vapeur à faire passer par la même ouverture de lumière dans le même temps, est d'autant moindre que l'introduction est plus réduite ; mais, si on rapporte ce volume à l'ouverture réelle des lumières, on constate que la vitesse de passage doit au contraire être d'autant plus grande que la durée de l'admission sera moindre, il en sera de même dans une plus grande proportion encore de la résistance au passage.

Le tableau T ci-dessous indique les différentes valeurs relatives de la vitesse de passage suivant les divers degrés d'introduction pour une distribution à coulisse renversée.

On comprend donc que tout système de distribution permettant de faire une détente notable sans obliger à réduire la course du tiroir principal, présentera par cela même un avantage assez sérieux.

Tableau T.

ADMISSION en centièmes de la course.	OUVERTURE maxima des lumières.	VOLUME relatif de vapeur introduit.	DURÉE relative de l'admission.	VOLUME relatif passant par unité de temps.	OUVERTURES RELATIVES.	VITESSES relatives de passage.
0,17	5.5	100	100	100	10	100
0,22	6.5	129	116	111	12	92
0,325	9.0	191	144	133	16	83
0,480	13.5	282	183	154	25	61
0,635	21.0	374	219	171	38	45
0,730	29.0	429	245	175	53	33

Malgré cette supériorité théorique, les appareils à double tiroir ont généralement échoué en pratique par leur complication inévitable et la difficulté de les maintenir en bon état; cependant la détente Meyer a été employée en Allemagne jusqu'à ces derniers temps. Mais on a pu constater dans divers cas qu'elle ne donnait aucun avantage sur la distribution ordinaire.

Un essai de distribution par tiroirs séparés pour l'admission et l'échappement avait été fait par Polonceau au chemin de fer d'Orléans; voici les conclusions du rapport sur ces essais :

« *Avance à l'échappement.* — Par suite du mouvement indépendant de l'admission et de l'échappement, on a pu donner à celui-ci une avance qui ne dépasse pas 7 pour 100 de la course du piston.

« Quoiqu'on ait vu dans les machines précédentes que l'avance à l'échappement est peu nuisible, surtout lorsque la détente est poussée à sa limite, il est bon de ne pas négliger la suppression de cette perte, lorsqu'il arrive, comme dans cette distribution, que cela n'entraîne aucune conséquence fâcheuse.

« *De la compression.* — La compression est constante pour chaque position du levier; elle commence, comme l'avance à l'échappement, à 7 p. 100 de la course du piston. L'examen des diagrammes indique clairement le peu d'importance de son effet nuisible; sa présence est nécessaire à cause de l'avance à l'admission, car, si elle n'existait pas, la vapeur admise pendant cette avance se rendrait directement à l'échappement.

« Comme on le voit, les avantages de cette distribution consistent à supprimer l'effet nuisible résistant de la compression et aussi la perte par l'avance à l'échappement, mais il reste pour inconvénient la perte occasionnée par le volume des lumières. Ce volume est de $3^{dc},5$. Celui engendré par le piston pendant l'admission à la sixième position étant de 22 déc., la valeur de cette perte est de $\frac{3.5}{22} = \frac{15}{100}$.

« Mais comme ces 15 p. 100 agissent pendant la détente et que l'effet de celle-ci est à peu près semblable à celui de l'admission, la perte causée par les lumières n'est que de 15 p. 100 divisé par 2, soit 7,5 p. 100.

« Il est à remarquer que l'effet nuisible de la compression avec une distribution ordinaire, à une admission de 36 p. 100 et avec des lumières comme celles qui existent, n'aurait pas été plus préjudiciable; d'où il résulte que cette nouvelle disposition de distribution n'a donné aucune amélioration comme dépense de combustible, et cela parce que les différentes parties constituant la distribution ont été mal combinées, ainsi qu'on le verra plus loin.

« L'emploi de deux tiroirs, dont l'un pour l'admission et l'autre pour l'échappement, a pour objet de supprimer la perte par l'avance à l'échappement et le travail résistant de la compression. On a vu que la perte par l'avance à l'échappement, lorsque la détente est poussée à sa limite, était peu considérable, tandis que la compression correspondante au même degré de détente avait toujours fourni une grande résistance ; c'est donc rapporté à ce dernier cas que doit être considéré l'avantage de cette distribution. Dans l'application qu'on en a faite sur la machine 404, on a complétement manqué le but proposé. En effet on n'a, dans cette distribution, poussé la détente que jusqu'à 36 p. 100 d'admission.

« Or, à ce degré de détente la compression ne se fait que légèrement sentir; par conséquent sa suppression n'est d'aucun avantage. Il n'en serait pas de même si elle était appliquée sur les machines où la détente est poussée jusqu'à 18 et même 13 pour 100 d'admission, et où la compression est si nuisible comme il est indiqué dans les tableaux. Dans ce cas on obtiendrait certainement une réduction de 10 à 15 p. 100 de dépense de vapeur. »

En 1858, M. Polonceau appliqua sur une machine à voyageurs du chemin de fer d'Orléans un système de distribution à double coulisse et double tiroir fort ingénieux. Ce système permettait des détentes très-étendues. Malgré ses avantages et sa simplicité relative, il ne s'est jamais répandu[1].

M. Couche, dans son grand ouvrage : *Voie et Matériel roulant des chemins de fer*, dit :

« Qu'une application prolongée a démontré que cette distribution si logique ne donne pas d'économie, et il ajoute : quand une disposition a été abandonnée malgré les puissants motifs personnels qui devaient la recommander, on peut croire qu'elle l'a été à bon escient. »

Les expériences du professeur Bauschinger, faites sur quatre machines locomotives de l'État bavarois, munies de distributions à détente Meyer, ont accusé très-nettement des résultats négatifs.

A la suite de ces expériences, la détente Meyer a été définitivement abandonnée en Bavière.

C'est, du reste, en Allemagne que les détentes à double tiroir et particulièrement la détente Meyer ont été le plus longtemps en faveur. Or, M. Heusinger von Waldeg, dans la dernière édition de son ouvrage: *Handbuch für Specielle Eisenbahn Technik*, ne consacre à ce sujet que trois lignes ; mais elles sont significatives :

« La conférence de l'union des chemins de fer allemands recommande

1. Ce système a été appliqué en Allemagne, avec quelques modifications de détail, mais sans grand succès, paraît-il, par M. Krauss, le constructeur bien connu de Munich.

l'emploi de systèmes de distribution simples; en conséquence, dit-il, il n'y a pas lieu de s'occuper des distributions à double tiroir. »

Le chemin de fer Grand-Central-Belge a fait, il y a cinq ans, l'application de la détente Guinotte sur une machine à voyageurs, construite par la Société de Couillet, et qui figurait à l'Exposition de Vienne. Cet essai ne paraît pas avoir donné de résultats.

On a essayé également, depuis quelque temps, divers systèmes de commande ayant pour but d'améliorer la distribution des machines par tiroirs simples.

Nous avons même vu attribuer à l'emploi d'un de ces systèmes une réduction de près de 20 pour cent dans la consommation, et cela après expérience. Il nous semble bien difficile qu'une simple modification géométrique puisse produire de semblables résultats, et si c'était exact, que ne serait-on en droit d'attendre d'améliorations d'une portée bien plus considérable.

En somme, on peut dire que l'avantage des détentes à double tiroir est uniquement *géométrique*, et que son emploi ne combat nullement les pertes de l'ordre physique, c'est-à-dire les condensations intérieures. En outre, en atténuant la compression, il augmente la dépense effective de vapeur; il n'y a donc guère de raisons plausibles de recourir à ces appareils plus ou moins compliqués, dont l'entretien est toujours dispendieux. Le même effet peut être obtenu plus simplement comme on le verra plus loin.

DEUXIÈME CLASSE.

Les moyens de l'ordre physique ayant pour but d'améliorer l'utilisation de la vapeur sont au nombre de trois. L'emploi de la surchauffe, celui des enveloppes de vapeur et enfin la détente en cylindres séparés ou fonctionnement *Compound*.

1° *Surchauffe de la vapeur*. — On a cherché à prévenir la condensation pendant l'admission en réchauffant les parois du cylindre sans déterminer de liquéfaction de la vapeur, pour éviter la production d'eau qui, par sa revaporisation ultérieure, refroidit les mêmes parois, ce réchauffement étant déterminé par l'abandon de la chaleur que la vapeur pouvait posséder au-dessus de son point de saturation.

L'emploi de la surchauffe a surtout été fait dans les machines fixes et marines. L'effet ne peut en être que très-modéré, car il est difficile de pousser la température assez haut à cause de l'effet fâcheux de la vapeur surchauffée sur les garnitures et les pièces mobiles. Ainsi, de la vapeur à 180° contient par kilogramme 661.4 calories; la surchauffe même a 225 degrés, ce qui est une température probablement déjà nuisible ne lui ajouterait que 0,48 (225 — 180) = 21.60, c'est-à-dire de quoi vaporiser à la température de 180° $\frac{21.60}{661.4 - 180} = 0.045$, soit 4 1/2 pour cent de son poids. On voit que c'est insignifiant.

M. Hirn, qui avait prôné les avantages de la vapeur surchauffée, a dû reconnaître que son emploi ne suffisait pas à prévenir les condensations au cylindre. Il admettait volontiers des condensations modérées contre les parois, dans le cas de la vapeur saturée, mais il ne croyait pas que la vapeur surchauffée pût se condenser, alors qu'elle apportait un supplément notable de calorique.

Or M. Leloutre a constaté que la vapeur même surchauffée se condense dans le cylindre (*Recherches expérimentales et analytiques sur les machines à vapeur*, Société industrielle du nord de la France). Il conclut que la vapeur surchauffée perd, non-seulement tout le calorique de la surchauffe, lorsqu'elle est entrée dans le cylindre, mais qu'une portion même doit se condenser, et cela par suite de refroidissement contre les parois.

L'emploi de la surchauffe a été fait sur une très-grande échelle dans les machines marines avant l'adoption du fonctionnement Compound ; il n'a pas empêché cette adoption, et il est à peu près abandonné actuellement. Les appareils surchauffeurs qu'on adaptait aux chaudières étaient coûteux et quelquefois encombrants, leur usure était extrêmement rapide et leur usage par conséquent onéreux.

La surchauffe était possible dans ce genre de machines, parce que la quantité d'eau entraînée par la vapeur était modérée; mais dans les locomotives où la proportion d'eau est considérable, il faut d'abord vaporiser cette eau avant de songer à surchauffer la vapeur, et ce n'est pas peu de chose. Il faudrait des surfaces énormes; il n'est donc pas étonnant que les essais d'appareils surchauffeurs ou plutôt sécheurs qu'on a fait plusieurs fois, notamment au chemin de fer du Nord, n'aient donné que des résultats insignifiants. Il ne semble pas que les recherches dans la voie de la surchauffe proprement dite puissent conduire à des résultats bien importants pour les machines locomotives.

Thomas indiquait, dans son cours de machines à vapeur à l'École centrale, vers 1855, qu'on pouvait avantageusement diminuer la proportion d'eau entraînée, en en vaporisant une partie par un abaissement de la pression opéré entre la chaudière et le cylindre. C'est ce qu'on a appelé plus tard la *surchauffe spontanée.* Thomas faisait remarquer qu'une diminution de la pression initiale ne diminuait pas sensiblement le rendement pour des machines à condensation où le rapport de la pression initiale à la contre-pression est toujours très-considérable ; mais il en serait tout autrement pour des machines sans condensation où ce rapport est beaucoup plus faible.

Ainsi, dans une machine à condensation où la contre-pression h est de 0.15, la chute de la pression de la vapeur H de 6 atmosphères à 4.5, laisserait encore la pression égale à 30 fois la contre-pression, et cela avec une chute de température utilisable pour la surchauffe de 159 — 148 = 11 degrés, tandis qu'avec une pression à la chaudière de 11 atmosphères absolus, il faudrait descendre à 8 pour avoir la même chute relative de température et le rapport $\frac{H}{h}$ ne serait que de 8.

Comme, de plus, la quantité d'eau entraînée dans les locomotives est toujours considérable, la proportion qu'on pourrait enlever par la surchauffe spontanée due à une chute de pression comme celle que nous venons de supposer, serait tout à fait insignifiante.

Prenons par exemple 1 kilogramme d'un mélange de 80 pour cent de vapeur et de 20 pour cent d'eau à 11 atmosphères absolues et 184,5 degrés. Ce mélange, d'après les tables de Zeuner, renferme 530,216 calories pour la vapeur et 37,412 pour l'eau, total 567,628 calories.

Si la pression baisse à 8 atmosphères absolus, sans travail externe, la quantité totale de chaleur ne variera pas ; à cette pression, 1 kilogramme de vapeur contiendrait 658,60 calories, et 1 kilogramme d'eau 172,89, de sorte que la proportion de vapeur dans le mélange devient

$$\frac{567{,}628 - 172{,}89}{658{,}60 - 172{,}89} = 0{,}8128.$$

On aura donc supprimé $\frac{20 - 18{,}72}{20} = 6{,}4$ pour cent de l'eau contenue dans la vapeur; c'est, comme nous le disions plus haut, tout à fait insignifiant.

Il ne faudrait pas conclure de ce qui précède, que la présence de l'eau est sans inconvénients, mais bien qu'il ne faut pas compter sur des moyens de séchage ultérieurs pour la faire disparaître, il faut tâcher d'éviter son entraînement avec la vapeur et on peut toujours y arriver avec de bonnes proportions de surface de niveau d'eau relativement à la surface de chauffe. On se préoccupe, en général, trop peu des surfaces de niveau d'eau dans les chaudières; on cherche à donner la plus grande surface de chauffe possible sans s'inquiéter du dégagement de la vapeur. Une bonne proportion qu'on peut assez facilement obtenir tout au moins dans les chaudières de dimensions moyennes est de 1 mètre carré de surface de niveau d'eau pour 12 à 15 mètres carrés de surface de chauffe.

On a, d'ailleurs, d'autant moins de chances d'avoir de l'eau entraînée, que la pression est plus élevée, puisque le volume de l'unité de poids de la vapeur qui se dégage est moindre. Nous renvoyons pour cette question aux *Mémoires et Compte rendu* des travaux de la Société des Ingénieurs civils, 1869, page 483, où on trouvera les vitesses ascensionnelles de la vapeur qu'il ne faut pas dépasser pour que l'entraînement d'eau reste dans des proportions modérées.

2° *Enveloppes de vapeur.* — Il y a un autre moyen de fournir de la chaleur aux parois intérieures des cylindres sans déterminer de condensation de vapeur sur ces parois ; ce moyen consiste à chauffer les parois par l'extérieur en transmettant la chaleur à travers l'épaisseur du métal.

Pour faire bien saisir le rôle des enveloppes de vapeur, rôle longtemps mal compris, nous demanderons la permission de reproduire un passage d'une note que nous avons publiée il y a quelques mois dans le journal *Eisenbahn*, au sujet de l'utilité des enveloppes de vapeur dans les machines locomotives.

Le rôle des enveloppes consiste à maintenir la température des parois du cylindre, de manière à éviter au moment de l'admission la condensation *à l'intérieur* de la vapeur nécessaire pour ramener ces parois à la température de la vapeur arrivant de la chaudière; la conséquence funeste de cette condensation à l'intérieur du cylindre est que l'eau qui en provient et qui ruisselle sur les parois se vaporise dès que la pression s'abaisse lors de la détente et même encore pendant l'échappement aux dépens de la chaleur emmagasinée dans le métal et empruntée, bien entendu, à la chaudière. Avec l'enveloppe, le calorique nécessaire pour maintenir les parois du cylindre à la température convenable est toujours fourni par la condensation d'une certaine quantité de vapeur, mais, cette condensation ayant lieu dans l'enveloppe et non dans le cylindre, c'est-à-dire dans un espace à pression *constante* et non *variable*, cette eau, une fois condensée, ne se vaporisera plus en consommant de la chaleur qu'elle va porter inutilement dans l'atmosphère ou au condenseur.

Mais l'action de l'enveloppe s'effectue au moyen de la transmission du calorique à travers une paroi en fonte d'une certaine épaisseur; dès lors plusieurs éléments entrent en jeu : 1° l'étendue de la surface; 2° la différence de température des faces de la paroi métallique; 3° la nature et l'épaisseur de cette paroi; 4° le temps.

Si le troisième élément joue un rôle moindre, mais qui cependant ne peut pas être absolument négligeable, puisqu'il s'agit de parois de fonte de notable épaisseur (15 à 20 millimètres), il y a un autre élément qu'il ne faut pas négliger sous peine de tomber dans une erreur très-répandue, c'est le temps; la transmission du calorique est loin, en effet, d'être instantanée.

Le coefficient élémentaire qui donne le nombre de calories transmises par heure et par mètre carré, par degré de différence de température, dans le cas des enveloppes de vapeur, est assez difficile à apprécier exactement, car il ne peut être assimilé au coefficient analogue convenable dans le cas des chaudières à vapeur, des condenseurs à surface, etc.

Toutefois le chiffre de 200 calories doit être considéré comme un maximum. Nous renverrons à ce sujet à une note très-intéressante publiée sur les enveloppes de vapeur par notre collègue, M. D. Stapfer, dans le *Bulletin de la Société scientifique industrielle de Marseille*, année 1873.

On nous a fait observer que d'après le chiffre de 44 calories par mètre carré et par mètre d'épaisseur donné par Despretz, on serait en droit de prendre un coefficient élémentaire de $\frac{44}{0,025}$, pour une paroi de cylindre, soit 1760 au lieu de 200, et que ce dernier chiffre peut paraître arbitrairement réduit.

Il est prudent en pratique de n'admettre les coefficients trouvés dans des recherches théoriques qu'avec des réductions considérables. On peut citer ce qui se passe pour les condenseurs à surface. D'après

Peclet, une plaque de cuivre de un millimètre d'épaisseur laisse passer 68,800 calories ; et en pratique les condenseurs à surface, lorsque leurs parois sont bien propres, ne laissent passer dans les meilleures conditions et avec une circulation d'eau très-rapide que 2,500 calories, soit moins de 4 pour cent, et bien moins encore lorsque les surfaces sont encrassées.

Revenons à notre exemple.

« Il est sage de dire, rappelle M. Hirn, que les avantages de l'enveloppe sont d'autant plus faibles que la machine fonctionne mieux par elle-même et qu'ils peuvent et doivent varier dans des limites assez étendues et osciller, par exemple, entre 10 et 25 p. 100[1].

« En résumé, les assertions contradictoires sur l'utilité des enveloppes de vapeur et de la surchauffe sont également légitimées par l'examen des cas particuliers considérés, et tout en reconnaissant les avantages qu'elles doivent procurer, il faut avouer qu'elles ne sauraient être appliquées sans examen à la première machine venue. »

Dans une locomotive ayant des cylindres de $0^{m},420$ de diamètre, et $0^{m},560$ de course, la surface intérieure des cylindres sera à peu près de 1,5 mètre carré. La différence de température entre les deux faces des parois, à peu près nulle pendant l'admission, variera pendant la détente et aura son maximum pendant l'échappement, mais dans cette dernière période l'action utile du réchauffage sera insignifiante ; toutefois, pour mettre l'enveloppe dans de meilleures conditions et en admettant qu'il se fera alors une accumulation de calorique dans le métal, nous négligerons cette considération.

Si donc on suppose une température initiale de 175°, correspondant à 8 atmosphères effectifs, une admission de 20 pour cent (cas plus favorable à l'enveloppe qu'une moindre expansion), on trouve que la différence moyenne de température sera de 40° environ pour tout un tour de roues.

Certains auteurs, M. Laboulaye entre autres, admettent que la chaleur communiquée par l'enveloppe est parfaitement utilisée et doit être considérée comme étant à peu près totalement convertie en travail mécanique ; nous accepterons cette hypothèse sans la discuter.

On a pour la quantité de calorique transmis par heure :

$$1.500 \times 40^{\circ} \times 200 = 12,000 \text{ calories,}$$

1. M. Hirn a ici en vue les machines fixes et particulièrement les machines à condensation.

et le travail correspondant serait :

$$\frac{425 \times 12,000}{270,000} = 18,8 \text{ chevaux bruts.}$$

Ce chiffre n'est pas négligeable comme valeur absolue; mais si on considère que dans les conditions de pression et d'introduction indiquées ci-dessus, la machine, à 2 1/2 tours par seconde, ce qui, avec des roues de $1^m,600$ de diamètre, donnerait une vitesse de 54 kilomètres à l'heure, développerait un travail brut sur les pistons de

$$\frac{1385 \times 2 \times 3^k,2 \times 2^m,800}{75} = 330 \text{ chevaux.}$$

L'effet de l'enveloppe est donc seulement de $\frac{18.8}{330} = 5.7$ pour cent.

Ce résultat, qu'on doit considérer comme très-exagéré et bien supérieur à ce qu'on obtiendrait en pratique, est assurément très-médiocre; cela tient tout simplement à ce que les cylindres de la machine prise pour exemple développent beaucoup de travail relativement à la surface de leurs parois intérieures. Si la machine au lieu de faire 150 tours par minute, n'en faisait que 50 dans les mêmes conditions de pression et d'admission, c'est-à-dire de différence de température, l'effet absolu de l'enveloppe resterait le même ; mais, comme le travail de la vapeur ne serait plus que le tiers, soit 110, l'effet relatif de l'enveloppe triplerait et deviendrait 17 pour cent.

C'est probablement par l'oubli de ces considérations élémentaires que la question des enveloppes est restée pendant longtemps si nuageuse. En effet, on citait des machines où l'enveloppe amenait une économie de 25 pour cent, d'autres où elle ne produisait aucun effet ; seulement on oubliait généralement de mentionner les conditions de fonctionnement de ces machines.

Des applications des enveloppes ont été faites sur des locomotives. Ainsi M. Polonceau a mis des cylindres à enveloppe sur la machine à voyageurs n° 93 du chemin de fer d'Orléans.

Voici ce que dit à ce sujet la note autographiée à laquelle nous avons déjà fait des emprunts :

« On a constaté, pour la détente, à peu près les mêmes résultats que pour la machine 94, ce qui prouverait que l'enveloppe aux cylindres a fort peu d'influence sur la détente de la vapeur.

« La compression est plus pernicieuse pour la machine 93 que pour la machine 94, bien qu'elle commence plus tôt pour cette dernière ; ceci tient évidemment aux effets de l'enveloppe. En effet, lorsque la compression commence, la vapeur (puisque la contre-pression est nulle) a 1 atmosphère de tension. Si, pendant que cette vapeur est comprimée, elle suivait la loi de Mariotte; elle arriverait, lorsque le piston est à bout de course, à une tension qui ne serait pas moindre de 7 à 8 atmosphères, ce qui n'a pas lieu; elle se condense donc à mesure que sa tension augmente, en abandonnant sa chaleur latente aux parois du cylindre et du piston. Mais comme dans la machine 93 ces parois sont échauffées par la vapeur de l'enveloppe, la condensation est beaucoup moindre que dans la machine 94, ce qui explique les valeurs différentes de la compression pour ces deux machines.

« En résumé, on peut conclure que la distribution de la vapeur se faisant par la coulisse et devant obtenir une détente telle que l'admission soit de 20 à 30 p. 100, l'enveloppe est plutôt nuisible que utile, puisque ses avantages ce réduisent à une petite augmentation de tension sur le piston et que la compression a lieu dans une bien plus grande proportion.

« Il n'en serait pas de même pour une distribution comme celle de la machine 404, où l'admission est indépendante de l'échappement et où, par conséquent, on peut modifier la compression à volonté et même la supprimer. Dans ce cas on peut obtenir les avantages de l'enveloppe et éviter ses effets nuisibles.

« Dans l'emploi de l'enveloppe, on craignait, en principe, qu'elle ne communiquât aux cylindres une température telle que les pistons qui sont animés d'une assez grande vitesse dans les machines locomotives, vinssent à gripper. L'expérience a prouvé que ces craintes n'étaient pas fondées et les pistons de la machine 93 n'ont jamais plus souffert que ceux des machines à cylindres simples.

Il nous a paru intéressant d'étudier la question d'un peu plus près, et de rechercher quelle pouvait être dans le cas de la machine dont il s'agit l'influence de l'enveloppe sur la condensation pendant l'admission, condensation qu'elle est précisément appelée à combattre. Or, cette condensation manifeste son existence et son importance par la différence observée sur les diagrammes entre les équivalents d'eau initial et final.

En relevant ces éléments sur un certain nombre de diagrammes nous avons obtenu les résultats ci-dessous.

Machine 93 (*cylindres à enveloppe*).

NUMÉROS des diagrammes.	ADMISSION en centièmes de la course.	EXPANSION réelle.	PRESSION à la chaudière.	NOMBRE de tours.	DIFFÉRENCE des équivalents en fonction de l'équivalent initial.	
57	0,52	1.58	6.50	120	0,043	0,050
54	0,52	1.58	5.35	171.4	0,057	
43	0,42	1.82	5.00	171.4	0,072	0,072
38	0,30	2.25	6.60	80	0,061	0,042
19	0,30	2.25	5.10	171.4	0,022	
16	0,18	2.98	6.20	75	0,222	0,225
10	0,18	2.98	6.10	120	0,196	
4	0,18	2.98	6.00	150	0,258	

On voit qu'en écartant les chiffres relatifs à l'admission à 30 pour cent, qui apparaissent comme une anomalie, les différences sont moindres que dans le cas de la machine 268, page 38, où on trouvait à 18 pour cent d'admission une différence de 33,1 pour cent, au lieu de 22,5, entre les équivalents d'eau final et initial en fonction de l'équivalent final. Il semblerait donc que l'enveloppe n'a pas été absolument sans effet.

M. Maurice Urban, notre collègue, directeur du matériel et de la traction au chemin de fer Grand-Central belge, a appliqué les enveloppes de vapeur sur 27 machines, tant à voyageurs qu'à marchandises : les résultats ont été complétement nuls.

Cependant, à propos de cette application comme, du reste, de la précédente, il y a une observation importante à faire, c'est qu'on ne peut guère conclure contre l'efficacité des enveloppes d'expériences dans lesquelles la circulation de la vapeur dans ces enveloppes était probablement très-imparfaite ; les enveloppes ne peuvent produire d'effet sérieux qu'à condition d'avoir un renouvellement actif de la vapeur. Ce fait a bien souvent été constaté sur les machines fixes et marines, et les chemises où la vapeur circule avant d'entrer au cylindre ont bien plus d'action que les chemises de vapeur plus ou moins stagnantes avec purgeur ou retour d'eau à la chaudière.

Les enveloppes sont trop souvent dans les machines disposées d'une façon défectueuse. Il a paru à ce sujet, récemment, dans le journal ***Engineering***, d'intéressants articles intitulés ***The Abuse of Steam-***

Jackets. On y trouvera relatés les conditions auxquelles doit satisfaire une enveloppe de vapeur pour être vraiment efficace. L'auteur anglais signale en passant, comme un exemple des dispositions adoptées, pour ainsi dire, par tradition, le robinet pour purger l'enveloppe d'air placé invariablement à la partie la plus élevée de l'enveloppe, tandis que l'air, qui a toujours à pression égale une densité supérieure à celle de la vapeur, doit tendre à rester à la partie inférieure.

On doit chercher à assurer une circulation très-énergique de la vapeur. Comme nous le disions à l'instant, cette circulation est mieux assurée lorsqu'on fait passer la vapeur dans l'enveloppe avant de l'envoyer à la boîte à tiroir; mais, d'autre part, cette vapeur perd de sa pression, et surtout comme elle ne peut produire d'effet qu'à la condition de subir une condensation partielle, elle renferme plus d'eau en arrivant au cylindre qu'en sortant de la chaudière. Il y a là une objection sérieuse.

Nous avons récemment proposé de donner aux enveloppes, dans les machines fixes ou marines à fonctionnement Compound, une efficacité considérable par la disposition suivante. La vapeur va directement de la chaudière à la boîte à tiroir du petit cylindre, sauf une portion de 15 à 20 pour cent, qui est distraite pour être envoyée directement de la chaudière aux enveloppes de cylindres. Cette vapeur, après avoir produit son effet calorifique, est envoyée dans un appareil de surchauffe, placé à la suite de la chaudière; elle circule dans cet appareil, où elle est séchée d'abord, puis surchauffée au point le plus élevé possible, et de là elle est envoyée dans le tuyau de communication entre les deux cylindres; elle y rencontre la vapeur qui sort du petit cylindre, partage avec elle sa chaleur de surchauffe extérieure et spontanée et va travailler au grand cylindre. Cette vapeur auxiliaire aurait effectué dans le petit cylindre un certain travail, mais il n'y a pas eu de dépense de chaleur en dehors du chauffage des enveloppes, et on gagne probablement beaucoup plus par l'effet énergique des enveloppes et par la chaleur de surchauffe qu'on retire aux gaz de la combustion; il est à remarquer, d'ailleurs, qu'il n'y a pas, dans ce cas, comme d'ordinaire, d'inconvénients à pousser loin la surchauffe, puisque la vapeur surchauffée n'est pas employée seule, mais est diluée dans la masse de vapeur humide. Nous croyons que ce mode d'alimentation des enveloppes, dans lequel la circulation de la vapeur est produite par une différence de pression considérable, donnerait des résultats avantageux.

Nous terminerons ce chapitre par un mot sur les enveloppes de gaz chauds. On a vu que dans les expériences de Clark on avait trouvé une notable différence pour les condensations internes entre les cylindres extérieurs et les cylindres intérieurs, qui étaient encore généralement à cette époque renfermés dans les boîtes à fumée.

Ce fait ne semble pas s'être confirmé, et ce mode de protection des cylindres, qui présentait par ailleurs de sérieux inconvénients, a été complétement abandonné. Il est difficile d'admettre que les gaz de la combustion puisse produire un chauffage énergique des cylindres autrement que pendant le stationnement; en effet, la vapeur agit par sa condensation, et, comme nous l'avons fait voir ailleurs, un mètre cube de gaz chauds à 350° ne peut céder aux cylindres que 25 calories environ, alors qu'un mètre cube de vapeur à 10 atmosphères en abandonnera plus de 2,000, soit 80 fois plus.

D'ailleurs, les cylindres, dans le bas de la boîte à fumée, étaient recouverts de cendres et de poussière de coke, les gaz chauds ne circulaient pas autour, et l'effet de rechauffage était assurément très-problématique. Il ne semble donc pas qu'on ait eu grand tort de renoncer à cette disposition, même pour les cylindres intérieurs.

Il y a cependant à ce sujet une observation à faire.

On a vu plus haut que la présence de l'eau initiale joue un rôle très-important à cause de la capacité calorifique considérable de cette eau. Tout moyen de diminuer la quantité d'eau amenée d'une manière quelconque au cylindre aura donc de l'intérêt. Il est bien évident que si le métal des cylindres est porté avant le départ à une température telle que la condensation ne puisse pas avoir lieu à l'arrivée de la vapeur, on sera à l'abri d'une condensation ultérieure due à la présence de cette première quantité d'eau. On peut même affirmer que si on avait de la vapeur peu humide, des cylindres chauffés au départ et peu de détente, on n'aurait pas de condensations sensibles. Il est possible que ces conditions aient pu se trouver plus ou moins complétement réalisées dans certaines machines à cylindres contenus dans les boîtes à fumée. On a vu aussi que dans la machine de l'*Algésiras* l'emploi d'une enveloppe avec circulation d'air chaud avait conduit à de bons résultats économiques. Le mode d'action n'est plus là le même absolument que pour l'enveloppe de vapeur, et si on avait des causes de refroidissement considérable, la chaleur des gaz chauds serait impuissante à maintenir la température du cylindre.

Il nous a paru intéressant de signaler les phénomènes qui se passent dans ce cas, et qu'on ne paraît pas avoir généralement bien compris.

En résumé, bien que les enveloppes ne paraissent pas avoir grandes chances de succès dans les locomotives, nous croyons qu'on ne peut guère arguer contre elles d'expériences faites dans de mauvaises conditions, et il y aurait lieu de reprendre la question, si on ne pouvait, comme on le verra plus loin, arriver à des résultats au moins équivalents d'une manière plus commode et surtout plus sûre.

Nous pensons nous être expliqués assez clairement pour qu'on ne puisse nous soupçonner de parti-pris contre les enveloppes de vapeur et la surchauffe, appliquées aux machines en général, accusation qui a été cependant portée contre nous dans des termes assez vifs par une publication technique hebdomadaire, à la suite de nos communications à la Société des Ingénieurs civils. Il est vrai que le même journal nous reprochait aussi *d'ignorer l'usage des hautes pressions*, reproche assurément inattendu, alors que, dans la séance du 2 novembre 1877, notre collègue M. Mékarski demandait, au sujet de la pression de 11 kilogrammes employée sur les machines locomotives du chemin de fer de Bayonne à Biarritz, si on pouvait considérer comme très-ordinaire l'emploi d'une pression aussi élevée.

Il ne nous resterait plus qu'à examiner l'emploi de la détente en cylindres successifs, si depuis quelque temps il ne s'était fait un certain bruit au sujet d'une méthode d'amélioration du fonctionnement des machines à vapeur basée sur la modification de la nature des parois des cylindres. Cette question paraît avoir été, pour la première fois, soulevée en Angleterre, en 1871 ; elle a donné lieu à une polémique dont on trouve la trace dans les journaux *Engineer* et *Engineering* de cette époque. Elle a été reprise ultérieurement tant en France qu'en Belgique sous forme de brevets, et a été exposée complétement, en 1876, dans une brochure intitulée : *Note sommaire sur l'application de la théorie mécanique de la chaleur au perfectionnement des machines à vapeur*, brochure publiée par la Société anonyme belge le *Progrès de Bruxelles*.

Nous allons exposer sommairement le principe de ces perfectionnements. L'auteur, étudiant les phénomènes qui se passent à l'intérieur des cylindres à vapeur, établit que la condensation totale par refroidissement intérieur est approximativement proportionnelle non-seulement aux facteurs universellement admis, le temps, la fraction de la course qui représente la période d'évacuation, la chute de température et la surface intérieure exposée à l'action des températures externes, mais encore à ce qu'il appelle le *coefficient d'absorption* du corps composant cette dernière surface.

Ce coefficient d'absorption est le produit de trois facteurs proportionnels, l'un à la capacité calorifique du métal, le second à sa densité, le troisième à la racine carrée du coefficient de conductibilité intérieure. Si on cherche la valeur de ce coefficient d'absorption pour différents corps, on trouve qu'il est pour la fonte de 22,46, pour le plomb de 4,86 et pour la porcelaine de 1,54. L'auteur de la brochure propose donc de recouvrir de plomb ou de porcelaine les fonds de cylindres et les pistons, et annonce que la moitié seulement des surfaces intérieures étant ainsi modifiées, les condensations intérieures, supposées à 100 pour la fonte, descendraient à 60,8 pour le plomb et 53,5 pour la porcelaine. Avec les deux tiers des surfaces modifiées, le bénéfice serait naturellement encore plus considérable. D'autres inventeurs ont été plus loin, ils ont proposé de faire des cylindres en verre ou en matières céramiques. Un ingénieur américain, bien connu par de remarquables expériences comparatives sur des machines des croiseurs de la douane des États-Unis, M. Emmery, avait déjà constaté sur une petite machine expérimentale que l'emploi d'un cylindre en verre atténuait considérablement les condensations intérieures.

De ce que le système proposé repose sur un principe rationnel, s'en suit-il qu'il soit appelé à réaliser, en pratique, les améliorations si considérables annoncées dans la brochure citée, nous ne le croyons pas. Le journal *Engineering*, discutant la question bien avant l'apparition de cette brochure, se bornait à dire qu'en présence des autres facteurs qui agissaient sur les condensations intérieures, l'influence de la nature du métal disparaissait. Sans contester la valeur de cet argument, il semble qu'il y a autre chose à répondre. D'abord, les parois des cylindres sont, comme on l'a vu, tapissées d'une couche d'eau extrêmement mince, mais qui n'en constitue pas moins la véritable paroi du cylindre, beaucoup plus que le métal lui-même; en second lieu, dans toute machine qui a servi quelque temps, les parois intérieures, autres que les parties cylindriques, qui sont continuellement *raclées* par le piston, sont recouvertes d'une crasse très-dure formée par les graisses et qui acquiert une épaisseur toujours notable, quelquefois considérable. C'est cette couche qui forme la véritable paroi du cylindre.

Quels sont la conductibilité, la capacité calorifique et le pouvoir émissif de cette substance ? Peu importe ; le seul fait à recueillir, c'est que cette matière sera toujours absolument la même que les fonds de cylindres et les faces des pistons soient en fonte nue ou soient recouverts de plomb, de porcelaine, de verre, etc. ; ce sera toujours la même matière qui sera en contact avec la vapeur, même en supposant qu'elle ne soit pas recouverte, comme nous l'avons dit, d'une couche d'eau liquide. Il semble donc bien inutile de se préoccuper de la nature des parois des cylindres, puisque, quelle que soit la nature de ces parois, la force des choses leur substituera toujours invariablement une substance constante, de l'eau et du cambouis, sur une épaisseur assez notable pour que cette substance constitue à elle seule la véritable couche sensible.

La brochure citée donne des résultats très-favorables obtenus dans un essai fait, *le navire amarré au point fixe*, en mars 1876, sur le steamer belge *Baron Lambermont*, à Anvers.

Tout en faisant nos réserves sur les conditions dans lesquelles ont été faits ces essais, auxquels nous préférerions de beaucoup des résultats obtenus dans un essai à la mer, nous nous associerons complétement à l'observation qu'ils inspirent à M. Ledoux, ingénieur des mines, qui discute la question dans sa brochure, déjà citée, *sur la condensation de la vapeur à l'intérieur des cylindres des machines.* « Nous n'avons pas, dit cet ingénieur, les éléments nécessaires pour contrôler ces résultats et déterminer dans quelle mesure les améliorations apportées à la distribution et à la mise en bon état des pièces de la machine pendant la réparation qui a eu lieu entre les deux expériences, ont contribué à l'économie signalée. » On peut ajouter que depuis cette expérience, faite en mars 1876, aucun nouveau fait n'a été produit à ce sujet.

Nous citerons pour mémoire des idées originales émises dans une lecture faite à l'Institut de technologie de Massachusetts (États-Unis), en mai 1875, par George, B. Dixwell, dans laquelle l'auteur propose, pour empêcher la condensation au cylindre, de porter les parois à une température telle qu'il y ait *répulsion* entre le métal et l'eau ; la température nécessaire ne serait, d'après lui, que de 193 degrés centigrades pour le fer. Il explique par ce phénomène de répulsion l'avantage des cylindres logés dans les boîtes à fumée.

M. Dixwell propose donc des enveloppes d'air chaud ou de vapeur surchauffée, dont la température, variable selon le degré de détente, serait reglée automatiquement au moyen d'appareils qui semblent devoir être très-compliqués et très-délicats.

Il nous reste à étudier l'emploi de la détente en cylindres successifs; c'est cette étude qui constitue la seconde partie de ce travail.

DEUXIÈME PARTIE

APPLICATION DU FONCTIONNEMENT COMPOUND

AUX

MACHINES LOCOMOTIVES

Le mode de fonctionnement généralement désigné aujourd'hui par l'expression anglaise de *Compound*, faute d'un équivalent précis en français, est caractérisé par l'action successive de la même vapeur dans deux cylindres, ou plus, de diamètres généralement différents, suivant le principe inauguré d'abord par Hornblower, puis par Woolf, dont ce genre de machines a longtemps porté le nom. Mais ce principe a reçu ultérieurement une extension importante par son application aux machines formées de cylindres à points morts *discordants*, c'est-à-dire actionnant des manivelles calées à 90° ou environ, tandis que les machines primitives étaient composées de cylindres à points morts *concordants*, c'est-à-dire dont les pistons commandaient une manivelle unique ou deux manivelles calées à 180°.

Quelques personnes considèrent comme peu justifié et inutile l'emploi de l'expression *Compound*, et trouvent que la désignation de machine de Woolf suffit pour désigner les machines qui emploient la vapeur dans des cylindres successifs. Nous croyons devoir défendre l'expression de Compound, qui indique clairement, à notre avis, la double idée de l'action *multiple* de la vapeur et de l'arrangement *combiné* des cylindres, par opposition à une action et à un arrangement *simples*; d'ailleurs le fonctionnement de Woolf, qui doit s'entendre uniquement des machines ayant des pistons à mouvement parallèle ou opposé, n'est qu'un cas particulier du fonctionnement Compound, et il a l'inconvénient sérieux d'éveiller l'idée d'arrangements relativement compliqués, pour des machines devant se composer forcément de deux appareils à angle droit, telles que la plupart des machines de navigation ou les locomotives.

Le mot de Woolf pouvait et devait suffire tant qu'il n'existait que des machines du premier genre, et encore il eût été plus juste de leur donner le nom d'Hornblower, le véritable inventeur du principe ; mais depuis l'emploi devenu général en marine des machines à réservoir intermédiaire et manivelles à angle droit, il était nécessaire d'avoir une expression plus générale. Celle de Compound a le mérite d'être brève et précise, aussi a-t-elle prévalu, et nous croyons qu'il n'y a pas à le regretter. Il n'est vraiment pas plus logique d'appeler machines de Woolf les appareils de locomotives que nous décrivons plus loin, que de désigner sous la qualification de machine de Watt une machine Corliss, par exemple, sous prétexte qu'elle a un cylindre, un piston, un condenseur et une pompe à air.

De tous les moyens proposés pour améliorer l'utilisation de la vapeur dans les machines locomotives, c'est probablement la détente en cylindres successifs qui a généralement été accueillie avec le moins de faveur, soit que son emploi fût dans bien des esprits nécessairement lié, et cela bien à tort, à l'idée de complication, soit surtout parce que l'avantage qui doit en résulter ne peut être apprécié convenablement sans une connaissance complète du fonctionnement intime de la vapeur dans les cylindres, connaissance qui n'est pas encore aussi répandue qu'elle devrait l'être parmi ceux qui sont appelés à se servir de machines à vapeur. Il nous est maintenant facile de faire comprendre de quelle manière la détente en cylindres successifs permet d'atténuer, sinon de supprimer à peu près complétement, les pertes de vapeur par condensation intérieure qui ont été signalées dans la première partie de cette étude. Nous ne traiterons pas ici la question théorique des machines Compound, que nous avons exposée déjà dans un travail inséré dans les *Mémoires et Comptes rendus des travaux de la Société des Ingénieurs civils*, année 1873, pages 821 et suivantes. Nous nous contenterons de rappeler les avantages de ce mode de fonctionnement et d'examiner seulement ce qui concerne spécialement les machines locomotives.

On a vu précédemment que les condensations intérieures dans les cylindres, qui sont la cause la plus importante de la différence souvent considérable qui existe entre les quantités de vapeur nécessaires théoriquement et pratiquement pour développer l'unité de puissance, différence qui croît généralement avec la valeur de l'expansion, sont proportionnelles à plusieurs facteurs, parmi lesquels figurent l'étendue des surfaces en contact avec la vapeur et la chute de température effectuée dans le cylindre. Avec la détente en cylindres successifs, ces facteurs, et par conséquent leur produit, sont notablement inférieurs à ce qu'ils sont dans le système ordinaire, pour les mêmes conditions de puissance, de vitesse et de températures extrêmes.

Cet avantage est dû en partie à une simple propriété géométrique, car les surfaces des parois des cylindres, pistons, tiges et lumières, surfaces auxquelles la condensation intérieure est proportionnelle, ne croissent pas aussi rapidement que les volumes engendrés par le piston, volumes auxquels est proportionnelle la puissance ou l'expansion.

C'est ce que nous allons faire voir par un exemple.

On supposera, d'une part, une machine ordinaire composée de deux cylindres de $0^m,400$ de diamètre, $0^m,600$ de course, recevant de la vapeur à 176 degrés, 9 atmosphères, et la rejetant à 100 degrés dans l'atmosphère; de l'autre, une machine formée d'un cylindre semblable au précédent recevant directement la vapeur à la même pression que ci-dessus et la déchargeant à 3 1/2 atmosphères, ou 140 degrés, dans un second cylindre de $0^m,565$ de diamètre et $0^m,600$ de course, qui évacue à 100° dans l'atmosphère. Les deux appareils produiront le même effort moyen, et par conséquent le même travail à vitesse égale de piston, puisque le volume des cylindres de détente est le même dans les deux cas par hypothèse, et théoriquement le cylindre admetteur unique de la machine Compound devra avoir une période d'introduction double de celle de chacun des cylindres de la machine ordinaire.

Nous allons faire le calcul comparatif des surfaces exposées à la vapeur dans chaque cylindre, ces surfaces se composant de la surface cylindrique, du fond de cylindre, de la face du piston, de la moitié de la surface de la tige de piston, et enfin de la surface des parois de la lumière du cylindre.

Machine ordinaire.			**Machine Compound.**		
Surface cylindrique..	75.43		**Cylindre admetteur semblable à celui à côté.**		
Fond...............	12.57				
Piston..............	12.57				
Demi-tige...........	5.18				
Lumière........ ...	24.25				
		130.00			130 00
			Cylindre détendeur.		
			Surface cylindrique.	106.50	
			Fond.........	25.07	
			Piston..	25.07	
			Demi-tige..........	5.18	
			Lumière.....	38.18	
2me cylindre..............		130.00			200.00
		260.00			330.00
			130.00 × 36 = 4680		
260.00 × 76 = 197.60			200.00 × 40 = 8000		
			126.80		

Différence....... $\frac{197.60 - 126.80}{197.60} = 35{,}7\ \%$.

On voit donc que théoriquement la différence serait de plus de 35 pour cent en faveur de la machine Compound.

Il n'en serait pas tout à fait de même en pratique, parce que diverses causes interviendraient pour modifier cette différence ; mais cet exemple n'en montre pas moins clairement le mode d'action de la division en deux parties de la chute de chaleur.

On voit donc que l'expansion dans chaque cylindre peut être limitée à un taux assez faible pour que la différence des équivalents d'eau final et initial soit presque nulle, ou même négative ; dès lors, les coefficients k et k' auront une valeur modérée ; mais, de plus, la quantité de vapeur, que ne permet pas d'apprécier l'équivalent final et qui dans la plupart des machines ordinaires se vaporise pendant l'échappement sans produire d'effet mécanique utile, et au contraire en accroissant la contre-pression, va dans la machine Compound travailler au grand cylindre. Dans celui-ci, les choses se passeront de même ; il pourra bien se produire ce que nous avons vu désigner par l'expression de *refroidissement par le condenseur;* mais ce refroidissement sera réduit, en vertu de la moindre différence de températures qui existe entre les sources extrêmes par rapport aux machines ordinaires, et aussi en vertu de la moindre surface en contact avec la vapeur, surface qui n'est que de 191.90, tandis qu'elle serait de 247.84 pour deux cylindres de volume équivalent au premier. Donc, non-seulement la condensation pendant l'admission sera moindre, mais cette condensation n'aura lieu que sur de la vapeur qui a déjà travaillé au premier cylindre, et par conséquent déjà effectué une portion notable de son travail disponible.

La dépense de vapeur est donc théoriquement la même dans les deux machines, puisque dans la machine ordinaire on introduira, par exemple, à 30 pour cent de la course, tandis que dans la machine Compound l'admission sera de 60 pour cent dans un seul cylindre. Mais la division entre deux récipients de la chute totale de température atténuera l'effet des pertes par condensations intérieures, de sorte que, pour bien tenir compte de ces pertes, il ne sera nécessaire d'employer qu'un coefficient k peu considérable pour la machine Compound; ce sera, par exemple, 1,20 au lieu de 1,80, et l'économie due à la division de la détente entre deux cylindres sera de $\frac{180 - 120}{180} = 33,3$ %.

Il est juste de dire que, d'une part, le relèvement de la courbe de détente dans la machine ordinaire, relèvement dû à la vaporisation pendant l'expansion de la vapeur condensée pendant l'admission, ainsi qu'il a été expliqué dans la première partie de ce travail, et, d'autre part, la perte inévitable éprouvée par la vapeur dans son passage d'un cylindre à l'autre, font que l'effort sera quelquefois un peu plus considérable sur les pistons de la machine ordinaire. Supposons que l'excès soit de 10 pour cent, l'économie due au fonctionnement Compound serait réduite à $33,3 \times \frac{100}{110} = 30$ %.

Nous pouvons apprécier cette perte d'effet due au réservoir intermédiaire en comparant les diagrammes d'indicateur pour les deux systèmes supposés fonctionnant avec la même pression initiale et la même expansion totale. C'est ce que représente la figure 7, planche 4. Nous avons pris pour la machine Compound des diagrammes relevés à 70 pour cent d'admission aux deux cylindres sur la machine *Bayonne*, et pour la machine ordinaire un diagramme à 30 pour cent d'admission, ce qui donne à peu près la même expansion totale.

Les ordonnées moyennes sont $4^k,74$ pour le petit cylindre et $1^k,51$ pour le grand cylindre de la machine Compound, et $3^k,55$ pour la machine ordinaire.

Les aires correspondantes des diagrammes équivalents sont donc :

Machine Compound.	Petit cylindre.....	$1.00 \times 4.74 = 474$	
	Grand cylindre....	$2.77 \times 1.51 = 418$	
			892
Machine ordinaire.....................		2.77×3.55	987

Différence de surface en faveur de la machine ordinaire $\frac{987 - 892}{987} = 9.42$ %.

Cette perte de surface des diagrammes due à la présence du réservoir intermédiaire existe à un degré bien moindre pour les machines Woolf proprement dites, où les cylindres déchargent directement l'un dans l'autre ; mais cet avantage est, à notre avis, largement compensé par la chute plus grande de température qui s'opère dans les cylindres ; en effet, la pression descend derrière le petit piston presque jusqu'à la pression finale du grand, tandis qu'au grand cylindre la pression initiale est plus élevée que dans la machine à réservoir[1].

Nous ne pouvons donc partager l'opinion qui consiste à attribuer une supériorité de ce chef à la machine à points morts concordants, et nous ne voyons par conséquent pas grande utilité à rechercher des arrangements plus ou moins compliqués pour supprimer les espaces intermédiaires. Le réservoir peut servir avantageusement à recueillir l'eau entraînée avant son entrée au grand cylindre. Somme toute, il est, croyons-nous, impossible de citer un fait qui permette d'attribuer une supériorité économique réelle à une machine Woolf proprement dite sur une machine Compound à réservoir, dans les mêmes conditions de détente et toutes choses égales par ailleurs.

Les figures 3 et 4, planche 3, représentent les diagrammes des poids de vapeur obtenus au moyen des diagrammes d'indicateur relevés sur une locomotive Compound; on voit que le poids de vapeur contenu au cylindre n'augmente plus après la fermeture de la lumière d'admission, comme cela a toujours lieu lorsque la période d'introduction est prolongée. L'échancrure qu'offre le diagramme du grand cylindre peut s'expliquer par l'intervention de la force vive de la vapeur au moment de la fermeture brusque à l'échappement de l'un des deux côtés du petit cylindre, suivie rapidement de l'ouverture brusque à l'échappement de l'autre côté, alors que le piston du grand cylindre

1. La machine à réservoir a encore une supériorité de la part de l'effet économique de la compression.

est animé de sa plus grande vitesse ; cette déformation partielle du diagramme n'a d'ailleurs aucune importance.

On voit sur ce diagramme que la quantité nette de vapeur dépensée par le grand cylindre, c'est-à-dire le poids qui existe au grand cylindre à la fin de la détente, moins le poids qui existe à la fin de l'échappement, diffère très-peu de la quantité dépensée par le petit cylindre, c'est-à-dire du poids présent au petit cylindre à la fin de la détente diminué du poids restant à la fin de l'échappement.

La différence qui, comme nous venons de le dire, est en général minime, représente une portion de vapeur condensée au réservoir intermédiaire et non revaporisée pendant l'échappement. En somme, en comparant les poids de vapeur dépensés par le petit et le grand cylindre et en prenant le plus grand, on aura une valeur qui diffère assez peu du poids de vapeur réellement sorti de la chaudière, et par conséquent les diagrammes d'indicateur donneront pour les machines Compound des aperçus approximatifs de dépense réelle de vapeur qu'ils ne peuvent pas donner pour les machines ordinaires à grande détente.

A côté de l'avantage capital que nous venons de signaler vient s'en placer un autre. Dans la machine Compound, on peut réaliser une expansion totale considérable avec une introduction prolongée à chaque cylindre. Ainsi, avec un rapport de 2.5 entre les volumes des cylindres et une expansion de 1.5 au premier cylindre, on réalisera une expansion totale de $1.5 \times 2.5 = 3.75$, qui, pour une machine ordinaire, exigerait une introduction théorique de $\frac{1}{3.75} = 0,266$. De plus, comme on peut faire une détente considérable sans être obligé de réduire l'admission au-dessous de la moitié de la course, les lumières seront toujours largement ouvertes, et l'accès de la vapeur au cylindre se fera constamment dans de bonnes conditions. On peut donc réaliser une bien meilleure distribution avec les appareils simples généralement usités sur les locomotives, et il est possible de dire que le fonctionnement Compound réunit les avantages physiques de l'enveloppe de vapeur et les avantages géométriques de la distribution à doubles tiroirs sans en avoir les difficultés d'application et les inconvénients pour le genre de machines qui nous occupent.

On peut invoquer également, au point de vue mécanique, la plus grande régularité des efforts produits sur les pistons et les mécanismes, et la moindre différence de pression qui s'exerce sur les pistons et les tiroirs, considération importante avec les pressions élevées, qui s'emploient de plus en plus sur les locomotives. Cette modération des efforts et des pressions en dehors de son influence sur la marche *actuelle* des appareils est appelée à en avoir une importante sur leur durée et leur entretien. C'est ce qu'on a constaté d'une manière irrécusable tant sur les machines fixes que sur les machines marines.

Nous avons déjà cité l'exemple de vieilles machines à balancier de Woolf, qu'on rencontre dans les centres manufacturiers de Normandie et qui fonctionnent d'une manière tolérable dans un état d'usure dont ne s'accommoderaient pas des machines ordinaires.

L'application du système Compound à la locomotive consiste dans l'emploi de cylindres admetteurs et de cylindres détendeurs; tant qu'on ne connaissait que la machine de Woolf proprement dite, il fallait employer deux groupes, composés chacun d'un cylindre admetteur et d'un cylindre détendeur, en tout quatre cylindres. L'introduction des machines Compound à points morts discordants a permis de songer à l'emploi de deux cylindres seulement, un admetteur et un détendeur, ou de trois cylindres, un admetteur et deux détendeurs.

On peut donc réaliser l'application du système Compound aux locomotives sous quatre types différents :

1° Quatre cylindres, dont deux admetteurs et deux détendeurs, chacun de ces cylindres ayant un mécanisme particulier. Ces quatre cylindres peuvent actionner le même essieu, et alors, en faisant agir les cylindres du même groupe sur des coudes à 180 degrés, on peut réaliser pour l'essieu moteur des conditions d'équilibre très-satisfaisantes, comme l'ont fait Randolph et Elder pour les machines marines. On peut aussi faire agir chaque groupe de cylindres sur un essieu différent, ces essieux étant accouplés ou ne l'étant pas; dans ce dernier cas, on aurait une machine Meyer ou Fairlie à fonctionnement Compound, ce qui serait une très-bonne disposition, car la complication de l'arrangement serait justifiée à la fois par le principe même du système de machine, c'est-à-dire la flexibilité, et par le fait du meilleur fonctionnement comme machine à vapeur proprement dite.

2° Quatre cylindres disposés par groupes composés chacun d'un cylindre admetteur et d'un cylindre détendeur, disposés en prolongement l'un de l'autre avec un seul mécanisme pour chacun. Ce système, avec des dispositions de détail bien étudiées, surtout pour le passage de la tige commune des pistons entre les deux cylindres, nous paraît le seul praticable pour les puissantes machines où l'emploi d'un seul cylindre détendeur conduirait à des dimensions inadmissibles en pratique. C'est probablement ce mode d'application qui a été le plus souvent proposé; il a l'avantage de conserver la symétrie de l'appareil, et n'a guère contre lui qu'une apparence de complication; mais cette apparence a suffi pour le faire écarter jusqu'ici. Il est toutefois probable que lorsqu'on se sera familiarisé avec le principe du fonctionnement Compound appliqué aux locomotives, on ne craindra pas d'accepter les quatre cylindres lorsqu'il le faudra absolument.

3° Trois cylindres, dont un central admetteur et deux latéraux détendeurs, agissant sur des manivelles, généralement mais non nécessairement calées à 120°. Ce système est séduisant au premier abord; il a été et est encore employé en marine, et on a cru pouvoir l'importer de toutes pièces sur les chemins de fer. On a invoqué à l'appui la machine à trois cylindres de Stephenson, dont on a fort exagéré la valeur, valeur qui en pratique a été trouvée fort médiocre. (Voir *Transactions of the Institution of Civil Engineers*, 1862, page 84.) Après examen un peu attentif, il est facile de voir que de toutes les solutions, à part la première, c'est celle qui se prête le plus difficilement à une installation économique et qui exige le plus de remaniements dans la disposition actuelle des machines; elle est à coup sûr plus compliquée, en réalité, que la solution n° 2. Notre collègue M. Jules Morandiere avait proposé, il y a longtemps déjà, l'emploi de trois cylindres fonctionnant dans ce système et dont deux agissent sur un essieu et le troisième sur un autre essieu; cette disposition avait pour but d'éviter l'accouplement.

4° Deux cylindres, un admetteur et un détendeur, commandant des manivelles à angle droit, avec interposition entre les cylindres d'une capacité intermédiaire plus ou moins considérable et d'un appareil spécial permettant de rendre à volonté le fonctionnement de chaque cylindre direct et indépendant. Ce système est le seul qui ait été jusqu'ici appliqué aux locomotives; il va faire l'objet spécial de cette étude; où nous nous proposons principalement de donner les résultats pratiques déjà réalisés. Cette disposition a soulevé de vives objections, mais elle a réussi en pratique, et nous croyons que son emploi n'a de limite que les dimensions à donner au grand cylindre; en allant pour celui-ci à $0^m,54$ ou $0^m,55$, ce qui est, en général, possible pour les machines ordinaires, on aura l'équivalent d'une machine à cylindres de $0^m,38$ à $0^m,40$ de diamètre, et même $0^m,42$ si on consent à réduire un peu l'expansion possible pour bénéficier surtout des meilleures conditions où on la réalise. Sur un chemin de fer étranger où le gabarit de la voie permet plus de latitude, nous avons pu aller jusqu'à $0^m,60$ pour le diamètre du grand cylindre.

On peut dire que l'essai du fonctionnement Compound n'avait jamais été fait sur les locomotives, car le système connu sous le nom d'expansion continue, et appliqué, en 1852, par Samuel à une ou deux locomotives du chemin de fer *Eastern Counties*, n'a qu'un rapport lointain avec le système Compound. On sait que ce système [1] consiste à introduire la vapeur dans un premier cylindre; puis, lorsque le piston est au milieu de sa course, à mettre ce cylindre en communication avec un second, plus grand ou même égal, et dont le piston commande une manivelle à angle droit de la première; la vapeur se détend dans les deux cylindres simultanément jusqu'à la fin de la course du premier, celui-ci évacue alors au condenseur; la détente continue ensuite dans le second cylindre jusqu'à la fin de sa course. Ce système ne présente nullement l'avantage capital du système Compound, car chacun des cylindres reste soumis à la chute totale de température, entre celle de la chaudière et celle qui correspond à l'échappement. Il est, d'ailleurs, compliqué en ce qu'il exige trois tiroirs en mouvement, et un tiroir d'arrêt pour permettre à la machine de fonctionner comme machine ordinaire. Ce système, abandonné une première fois, a été reproduit avec quelques variantes, il y a une dizaine d'années, par MM. Stewart et Nicholson, et appliqué à des remorqueurs de la Tamise; mais, depuis l'emploi de la machine Compound actuelle, il a définitivement disparu, n'ayant plus de raison d'être.

La première application du système Compound à la locomotive a été faite par nous sur trois machines, construites au Creusot, pour le chemin de fer d'intérêt local à voie normale de Bayonne-Anglet-Biarritz.

Le but que nous nous étions proposé de réaliser, en dehors de la question d'économie de combustible, était le suivant. Les machines devaient avoir une partie de l'année et même, dans le reste, une partie

1. Mémoires et Compte rendu des travaux de la Société des Ingénieurs civils, 1873, page 827.

de la journée à faire un travail assez modéré, tandis qu'à d'autres moments il fallait développer une puissance beaucoup plus considérable ; on prévoyait des charges à remorquer variant dans le rapport de 1 à 4 ; de plus, l'existence d'inclinaisons de 15 millièmes sur une notable partie du parcours venait encore augmenter la variation de l'effort de traction. Établir les machines pour le travail maximum et les faire fonctionner presque toujours à pression ou introduction très-réduites eût conduit à de mauvaises conditions de fonctionnement ; on ne pouvait pas non plus songer alors à faire deux types de machines. Nous avons préféré employer un grand et un petit cylindre, faire travailler habituellement la vapeur à détente d'un cylindre dans l'autre, et dans le cas du travail considérable à développer, faire fonctionner les deux cylindres à admission et échappement directs. On peut dire, dès à présent, que la limite du fonctionnement Compound s'est en pratique trouvée plus reculée qu'on ne pensait, et que, sauf quelques cas de charge extraordinaire, on n'emploie le fonctionnement direct que pour le démarrage.

Les machines dont il est question ne diffèrent des machines ordinaires que par l'inégalité de diamètre des deux cylindres et par la disposition des communications entre ces deux cylindres opérées par l'entremise d'un tiroir particulier, désigné à cause de son objet principal sous le nom de *tiroir de démarrage*. Ce tiroir est représenté dans les deux positions pour le fonctionnement Compound et pour le fonctionnement ordinaire, figures 3 et 4, planche 4, tandis que la disposition générale de la machine, en ce qu'elle a d'essentiel, est représentée dans les figures 1 et 2, qui donnent une coupe transversale par les cylindres et la boîte à fumée et l'élévation du côté du petit cylindre. On voit que dans le fonctionnement normal ou Compound, la vapeur n'arrive de la chaudière qu'au petit cylindre, et qu'après avoir agi dans celui-ci, elle passe au grand cylindre par un gros tube qui traverse la boîte à fumée ; du grand cylindre elle s'échappe dans la cheminée.

Mais au départ, pour assurer le démarrage, on renverse la position du tiroir, et alors la vapeur de la chaudière arrive directement sur chacun des pistons et, après avoir agi, s'échappe dans la cheminée. Cette disposition est bien supérieure à celle qui consiste à envoyer tout simplement de la vapeur de la chaudière au grand cylindre ; cette dernière suffit pour les machines marines, qui n'ont pas d'effort à exercer au départ, mais elle serait tout à fait impuissante sur une locomotive, et ne permettrait pas, d'ailleurs, l'augmentation d'effort qu'on s'est proposé dans la disposition adoptée.

En effet, le tiroir de démarrage sert aussi à augmenter la puissance de la machine lorsqu'on a un effort momentané et considérable à exercer, comme sur une rampe par exemple. Ce tiroir est mû par une tige à vis et un volant disposé symétriquement à celui du changement de marche, et sa manœuvre, confiée au chauffeur, ne présente aucune difficulté.

L'avantage de la disposition adoptée est facile à apprécier. Si on suppose deux cylindres ayant, l'un une section de piston de 1, l'autre de 2.5; le travail avec le fonctionnement Compound sera le même que si la vapeur agissait dans un cylindre unique ayant une section de 2.5, mais on dispose d'un effort maximum avec admission directe correspondant à une section de 3.5.

Pour avoir le même effort maximum avec la machine ordinaire, il faudrait un cylindre de 3.5 de section et pour avoir un travail égal à celui qu'on aurait avec la machine Compound en admettant a moitié au petit cylindre, soit à une expansion de $\frac{2.5}{0.5} = 5$ volumes, il faudrait réduire l'admission à $0,20 \times \frac{25}{35} = 0,14$ de la course environ, ce qui conduirait à de mauvaises conditions, soit pour la distribution, soit pour l'utilisation de la vapeur.

Les dimensions principales des machines du chemin de fer de Bayonne-Anglet-Biarritz figurent au tableau de la page 129.

Depuis l'ouverture de la ligne, 2 juin 1877, jusqu'à ce jour, les trois machines ont parcouru 95,000 kilomètres en nombre rond; si on ajoute à ce chiffre 3,300 kilomètres effectués pendant les travaux et 2,880 kilomètres faits par l'une d'elles au chemin de fer d'Orléans, sur l'embranchement de Villefranche-sur-Cher à Romorantin, on arrive à un total de plus de 100,000 kilomètres, ce qui donnerait pour chaque machine une moyenne de 33,000 kilomètres, mais le parcours se répartissant assez inégalement, par suite de diverses circonstances, entre les trois machines, l'une d'elles doit déjà avoir fait plus de 36,000 kilomètres.

Ce parcours est assez important pour qu'on puisse considérer comme positifs les résultats constatés. Ces résultats peuvent être considérés, relativement à trois ordres d'idées distinctes : 1° allure de la machine; 2° production de vapeur; 3° économie de combustible réalisée par le fonctionnement Compound.

C'est au sujet des deux premières questions qu'il s'était dès l'origine produit des objections sérieuses en apparence, qui avaient fait accueillir par la plupart des ingénieurs de chemins de fer les projets de locomotives Compound à deux cylindres seulement avec une grande réserve, quelquefois même avec une défaveur non dissimulée.

1° Une opinion généralement accréditée était, on peut dire est encore, que la machine ayant deux cylindres inégaux, et le travail de ces deux cylindres ne pouvant être rigoureusement identique, il en résulterait une allure irrégulière et défavorable, soit à la stabilité de la machine, soit à la conservation de ses organes.

Il est juste de dire que d'autres ingénieurs n'attachaient, comme nous, qu'une médiocre importance à cette considération. « La dissymétrie du mécanisme, écrivait M. l'inspecteur général Couche, ne paraît pas incompatible avec une bonne allure de la machine. [1] »

L'expérience a prononcé; non-seulement, pendant le parcours considérable qu'ont effectué les machines du chemin de fer de Biarritz, rien n'a pu accuser une instabilité inférieure à celle des machines ordinaires, mais même les diagrammes relevés au dynamomètre de traction, dans les expériences faites sur le chemin de fer d'Orléans, entre Paris et Choisy-le-Roi, ont indiqué une régularité tout à fait satisfaisante dans l'effort de traction. Il est impossible à un observateur non prévenu, ou tout au moins non influencé par un parti pris ou une idée préconçue, placé soit sur la machine, soit sur les plates-formes des voitures disposées à la façon de celles des tramways, de distinguer à l'allure, la machine d'une machine ordinaire.

Ce fait a d'ailleurs été mis hors de doute par des constatations directes et précises. Dans des parcours effectués au Creusot, dont l'un en présence de M. l'ingénieur en chef des mines du département de Saône-et-Loire, délégué par M. le Ministre des travaux publics, et les autres en présence d'un certain nombre d'ingénieurs français et étrangers, la plupart membres de la Société, les efforts mesurés à l'indicateur ont été à la marche avec introduction directe dans le rapport de 2.47 sur le grand piston, à 1 sur le petit, et dans la marche Compound, dans le

1. *Voie, Matériel roulant et exploitation technique des chemins de fer*, t. III, page 749.

rapport de 1.83 pour le petit à 1 pour le grand. C'étaient, bien entendu, des limites extrêmes. Néanmoins, la marche de la machine était régulière, malgré cette différence exagérée dont les essais avaient précisément pour but de rechercher l'influence.

2° On avait également avancé que la réduction à moitié du nombre des coups d'échappement, dans la machine Compound, diminuerait le tirage au point de rendre insuffisante la production de vapeur. Il semblait cependant que, la dépense de vapeur diminuant par suite de la meilleure utilisation, on pouvait accepter une certaine réduction dans le tirage.

Au point de vue théorique, on pouvait également invoquer les considérations suivantes, empruntées au traité de M. l'inspecteur général Couche [1] :

« Pour une même valeur du poids de vapeur sortant des cylindres, dans l'unité de temps, le poids d'air appelé est constant, quelle que soit la pression de la vapeur et quelles que soient les variations de cette pression. Pendant une course du piston, la pression de la vapeur qui s'échappe, et par suite la quantité écoulée variant à chaque instant, il en est de même de la quantité d'air appelée qui passe par les mêmes phases que la première; mais la quantité totale d'air aspirée par une quantité donnée de vapeur est indépendante de la pression, sous laquelle celle-ci s'écoule et de la loi que suivent ses variations, ou du moins le poids spécifique est seul influencé par ces variations, et cela dans des limites très-étroites. »

L'éminent professeur ajoute que :

« Quand même la machine serait simple (cas des machines Compound à un seul cylindre détendeur), la vapeur serait encore dépensée et l'air appelé d'une manière inégale, sans doute, mais sans interruption complète, ou du moins avec une interruption très-courte, dans le cours d'un tour de roue. »

L'expérience a prouvé que, malgré les dimensions restreintes des chaudières, la vaporisation est dans tous les cas parfaitement suffisante pour les besoins de la machine.

Voici en outre un fait très-concluant. Dans une expérience faite le 16 mai 1877, entre Paris et Choisy-le-Roi, avec la machine n° 3, *Biarritz*, attelée à un train de marchandises composé de 19 wagons formant une charge brute de 204 tonnes, machine non comprise, la vaporisa-

1. *Voie, Matériel roulant et exploitation technique des chemins de fer*, t. III, pages 257 et 258.

tion par mètre carré de surface de chauffe et par heure a été trouvée de 50 litres en nombre rond, à la vitesse de 135 tours par minute en moyenne, vitesse qui n'a assurément rien d'exagéré.

Cette vaporisation est des plus satisfaisantes, d'autant plus que l'échappement n'était pas serré et que rien ne fait supposer un entraînement d'eau différent de ce qu'il est dans la grande masse des machines.

En effet, la surface de niveau d'eau correspond à un mètre carré pour 15 mètres carrés de surface de chauffe et la vitesse ascensionnelle de la vapeur ne serait pour la production de 50 kilogrammes par heure à 10 atmosphères, que de 40 millimètres par seconde, ce qui est très-faible[1].

Ce chiffre élevé de production de vapeur ayant soulevé quelques doutes, il n'est pas sans intérêt d'entrer dans quelques détails sur la manière dont la constatation a été faite.

Pendant tout le parcours de la gare d'Ivry à Choisy-le-Roi, sauf quelques tours de roues au démarrage, la machine a constamment fonctionné au Compound.

L'expérience était conduite par les agents de la Compagnie d'Orléans. Nous n'y assistions que comme spectateurs, et sommes même restés dans le fourgon en Compagnie de M. Henri Paur, de Zurich, notre collègue; mais M. Tresca, Président honoraire de la Société, qui avait bien voulu, sur notre demande, assister à l'essai, est resté tout le temps sur la machine, et a pu contrôler le mode de fonctionnement qui d'ailleurs était tout indiqué, le fonctionnement Compound ayant seul de l'intérêt dans la circonstance.

Le jaugeage direct du volume d'eau sorti des caisses, effectué par MM. Mercey et Noyer, inspecteurs de la traction de la Compagnie d'Orléans, a donné un chiffre de 576 litres, dépensés en 15 minutes, ce qui correspond à 50 litres en nombre rond par mètre carré de surface de chauffe totale et par heure.

Il y a là un fait d'expérience indiscutable qui permet d'affirmer, que la réduction à moitié du nombre des coups d'échappement n'empêche pas la production de vapeur d'être, dans les machines locomotives du chemin de fer de Biarritz, aussi abondante que dans les locomotives ordinaires.

1. Voir Mémoires et Compte rendu des travaux de la Société des Ingénieurs civils, année 1869, page 483.

Il est certain que l'échappement annulaire employé sur ces machines, ainsi que l'emploi d'une grille de grande surface, d'un foyer très-vaste et de tubes assez courts, réduisant la résistance au passage des gaz, ont dû avoir une influence favorable sur la production de vapeur, mais ce sont là des moyens dont l'usage est légitime et possible sur des machines neuves.

Pour des machines transformées, on doit admettre que la réduction du tirage, si elle avait lieu, serait compensée par la diminution de dépense de combustible due au meilleur emploi de la vapeur, et cela d'autant plus que cette réduction du tirage sera elle-même, dans une certaine mesure, favorable à la bonne utilisation du combustible.

Comme on le verra plus loin, les machines développent, en service régulier et pendant un temps notable, un travail qui s'élève à 145 ou 150 chevaux et qui atteint quelquefois 180, ce qui fait 3 à 4 chevaux indiqués par mètre carré de surface de chauffe. Ce résultat est très-comparable à celui des machines ordinaires.

3° *Résultats économiques.* — Pour pouvoir juger cette question, il est nécessaire d'entrer dans quelques développements au sujet du travail effectué par nos machines.

Le tracé du chemin de fer comporte dans le sens de Bayonne à Biarritz, une rampe continue de 15 millièmes sur 2,500 mètres environ, et une de 12.5 sur 800 mètres, et dans l'autre sens une rampe de 14.5 sur 700 mètres, avec cette circonstance que cette dernière part presque de la gare de Biarritz et que par conséquent on ne peut compter sur une accumulation sérieuse de puissance vive pour aider à la franchir.

La vitesse moyenne de marche est de 32 kilomètres environ, et la vitesse maxima de 40 kilomètres, la durée du trajet étant d'un quart d'heure y compris une ou deux minutes d'arrêt à la station intermédiaire d'Anglet, et la longueur totale de 8 kilomètres à très-peu près.

Le matériel de transport se compose principalement de voitures d'un type spécial, étudié par notre camarade, M. Carimantrand. Ce sont des voitures à impériale avec escalier intérieur et plates-formes aux extrémités pour l'accès.

Il y a des voitures mixtes avec première, deuxième, troisième classes et bagages, contenant 68 places; voitures mixtes semblables, mais sans compartiment de bagages, contenant 75 places; voitures de troisième classe contenant 92 places. Dans chacun de ces trois types il y a des voitures à impériales fermées et des voitures à impériales ouvertes.

Le poids de ces voitures vides est d'environ $8^t,5$; on voit que le poids mort par place descend à un chiffre très-bas, puisque dans les voitures de troisième classe il n'est que de 92 kilogrammes. Les voitures, avec chargement complet, pèsent de 13 tonnes à $14^t,5$.

Comme le chemin n'a pas d'ouvrages supérieurs, il n'a pas été nécessaire de surbaisser les voitures ; celles-ci ont 5 mètres de hauteur et présentent une surface transversale de 9.5 mètres carrés ; on a dû réduire le diamètre des roues qui est de $0^m,92$ au roulement, la longueur hors tampons est de $9^m,28$. Il était nécessaire de donner ces détails pour faire apprécier l'excès de résistance à la traction que doivent présenter ces véhicules par rapport aux voitures ordinaires à voyageurs.

On se sert en outre, provisoirement, de voitures de troisième classe louées au Midi, pesant environ 10 tonnes en charge complète, et des voitures de la même classe, un peu plus petites et plus légères construites à Dax.

Pendant toute la saison d'été, il y a eu 58 et même quelquefois 60 trains par jour, soit, à raison de 8 kilomètres, un parcours total journalier d'au moins 464 kilomètres. Les jours de fête on a fait jusqu'à 84 trains.

Il est assez difficile de connaître le poids moyen des trains, parce que ce poids est très-variable suivant les jours de la semaine et suivant le temps.

On peut estimer que, pendant la saison écoulée, le poids moyen était, les jours ordinaires, de 40 à 45 tonnes, mais certains jours, les lundis, les jeudis, etc., il atteint et dépasse 50 tonnes ; les dimanches et même certains jours de la semaine où il y a une affluence considérable de promeneurs la charge s'élève à 60 et même 70 tonnes, on a même atteint quelquefois 85 tonnes. Ces charges représentent le poids du train sans la machine. Il semble donc qu'en comptant sur une charge moyenne de 50 tonnes remorquées, on ne sera pas bien loin de la vérité.

Le combustible employé est, autant que possible, du charbon de Cardiff qu'il est facile de se procurer à Bayonne à bon compte.

Nous avons dû rapporter les quantités brutes de combustible allouées aux machines au parcours kilométrique effectué, sans faire de défalcations, pour allumages, stationnements, etc. ; cette manière de compter donne évidemment des résultats trop forts, mais elle a l'avantage de supprimer les incertitudes dues à des répartitions plus ou moins arbitraires. Nous avons, en outre, pris des périodes de parcours aussi longues que possible effectuées par la même machine, dans des conditions de service et d'entretien sensiblement constantes, et avec le même combustible.

La machine n° 3 a, du 29 juillet au 3 octobre, période du service le plus actif, effectué 17,360 kilomètres avec 66,660 kilogrammes de combustible, soit une dépense kilométrique de 3k,83.

La machine n° 2 a, dans la même période, effectué 9,128 kilomètres avec 34,610 kilogrammes de charbon, soit 3k,79 par kilomètre.

Enfin, la moyenne générale des trois machines, un peu élevée par le service intermittent et le moins bon état de la machine n° 1, dont on s'était servi pour faire les travaux de la ligne, est, pour la période de juillet à octobre, de 3k,98 pour 32,392 kilomètres.

Nous devons faire remarquer que les mécaniciens qui conduisent ces machines sont de simples ouvriers ajusteurs, sans apprentissage spécial, et qu'il n'y a pas de primes qui les intéressent à faire des économies. Au contraire, par suite des exigences du service et de l'insuffisance du matériel de traction, chaque machine est conduite alternativement, dans la journée, par deux machinistes, ce qui est une raison de plus pour que les résultats constatés puissent être considérés comme dégagés de toute influence particulièrement favorable.

La consommation moyenne par tonne brute kilométrique, machine comprise, ressort donc en moyenne à $\frac{3^k,98}{69} = 58$ grammes, et est descendue à $\frac{3^k,79}{69} = 55$ grammes. C'est une très-faible consommation, surtout si on tient compte du profil et des conditions de traction.

Nous manquons d'éléments directs de comparaison, puisqu'au chemin de Biarritz on n'emploie que des locomotives Compound; mais on trouve sur les chemins analogues comme profil et comme conditions de service des consommations qui peuvent être utilement mises en comparaison de celles que nous venons de présenter.

Voici quelques exemples :

1° M. Belpaire a fait construire récemment, pour l'administration des chemins de fer de l'État belge et notamment pour le service du chemin de ceinture de Bruxelles, des voitures à vapeur dont la consommation n'est, dit-on, pas supérieure à 2 kilogrammes par kilomètre; la voiture pèse, toute chargée, 16 tonnes; c'est donc 125 grammes par tonne kilométrique brute, soit plus du double de la consommation des machines de Biarritz, sur un profil qui comporte des inclinaisons à peu près semblables, mais dans une bien moins grande proportion. Il est nécessaire de faire remarquer que dans ces voitures à vapeur, il n'y a qu'une paire de roues motrices, et que, par conséquent, la résistance comme machine n'est pas très-considérable.

2° Au chemin de Fougères à Vitré, d'après une note publiée dans les *Annales des Mines*, la dépense minima a été de 106 grammes par tonne kilométrique, sur un profil qui comporte également des rampes de 15 millièmes. Si cette consommation est rapportée à la tonne nette remorquée, la consommation correspondante serait, pour les machines de Biarritz, de 78 grammes, soit une différence de 26 pour 100; si, au contraire, il s'agit de tonnes brutes, la différence sera encore bien plus considérable, et encore est-il probable que la dépense de 106 grammes rapportée plus haut est la dépense nette de parcours, défalcation faite des allumages, stationnements, etc.

3° Au chemin de fer à voie étroite de Turin à Rivoli, qui a fait l'objet d'une communication de MM. Dumont et Joyant, la dépense kilométrique pour l'exercice 1876 est, d'après les comptes rendus officiels du ministère des travaux publics du royaume d'Italie, de 4k,586. Les documents renfermés dans ces comptes rendus permettent de trouver le poids du train moyen, qui est de 34t,55, y compris la machine, pesant 12 tonnes en charge; la dépense kilométrique par tonne brute ressort donc à 133 grammes au lieu de 60, les deux profils étant comparables.

4° Au chemin de Lausanne à Échallens, également décrit par MM. Dumont et Joyant, la dépense de combustible est en argent, par kilomètre, de 0f,266; à Biarritz, elle n'est que de 11,5 centimes; en admettant que le charbon coûte à Lausanne 35 fr. la tonne au lieu de 28 fr. à Bayonne, la dépense des machines d'Échallens tomberait à 22 centimes environ. Il est vrai que le profil sur ce dernier chemin comporte des inclinaisons plus considérables que celles du chemin de fer de Bayonne à Biarritz; mais en revanche le poids des trains y est beaucoup plus faible. Sur la même ligne, on a employé une voiture à vapeur, construite à Winterthur; cette voiture, pesant 16 tonnes pleine, dépensait 2k,50 par kilomètre, soit 156 grammes par tonne kilométrique.

5° M. Ledoux, ingénieur des mines, a publié dans les *Annales des Mines* une notice importante sur l'exploitation des chemins de fer industriels. Il cite les chemins de fer à voie étroite d'Ergasteria, de Mokta-el-Hadid, de Mondalazac, de Cissous, Saint-Léon, etc. Sur ces chemins de fer les dépenses kilométriques varient de 7 à 15 kilogr., et presque sur tous le trafic a lieu à la descente.

Nous n'insisterons pas sur cet exemple, parce qu'on pourrait nous objecter qu'il s'agit d'un matériel spécial différant complétement d'un matériel à voyageurs. Nous engageons toutefois ceux de nos collègues que la question intéresserait à consulter le travail de M. Ledoux.

6° Un exemple qu'on peut citer utilement, c'est la consommation des machines *haut le pied*, c'est-à-dire circulant seules.

D'après M. Couche, il est alloué pour ce genre de parcours les quantités suivantes qui, rapportées aux poids de machine et de tender, donnent les dépenses ci-dessous par tonne kilométrique brute :

Machine Crampton, pesant	45 tonnes	5k,5,	soit 122 gr.	par tonne kilom.
— à roues libres. . .	40	5k,5,	137	—
— mixte.	50	6	120	—

On peut objecter que les consommations réelles sont inférieures aux allocations; mais comme, d'autre part, on défalque les allumages, stationnements, etc., qui sont compris dans le chiffre de 58 grammes des machines de Biarritz, l'équilibre est rétabli et la comparaison possible.

Cependant, si le mode d'évaluation ci-dessus éveillait des susceptibilités, comme ne tenant pas compte de l'influence prépondérante de la résistance propre de la machine, nous pourrions le modifier en affectant le poids de la machine d'un coefficient de 2.5, et celui du tender ou du train d'un coefficient de 1; dans ce cas, les chiffres proportionnels de consommation deviendraient :

	Charge corrigée.	Consommation proportionnelle.
Machine Crampton.	82	66
— à roues libres. . .	73	76
— mixte.	95	63
— Biarritz.	100	40

On peut ajouter qu'il y aurait à tenir compte de la différence des profils qui sont au désavantage de la dernière machine.

Il est intéressant de faire remarquer, comme résultat absolu, que les machines de Biarritz consomment pour un trajet simple 32 kilogrammes de combustible, ce qui, à 28 francs la tonne, représente une dépense en argent de *quatre-vingt-dix centimes*, pour transporter à 8 kilomètres un nombre de voyageurs qui dépasse quelquefois *quatre cents*. C'est un exemple remarquable de l'économie réalisée dans les transports par l'emploi des moteurs mécaniques.

Nous avons cherché à nous rendre un compte approximatif de ce que pouvaient représenter ces consommations de combustible, rapportées à la puissance développée.

La résistance à la traction, calculée par la formule des Ingénieurs de l'Est, si on remarque que la surface résistante des voitures de Biarritz est de 9,5 mètres carrés, donnerait pour une vitesse moyenne de 33 kilomètres à l'heure.

$$R = 1.80 + (0,08 \times 33) + \frac{0,009 \times 9.5 \times \overline{33}^2}{50} = 6^k,12.$$

En tenant compte de la résistance due à la gravité sur le profil du chemin, pour un double parcours, on trouve un chiffre moyen de $2^k,15$, soit une résistance moyenne totale par tonne de $8^k,27$ sans compter la résistance due aux courbes de 400 mètres.

Nous prendrons pour la machine une résistance de 12 kilogrammes par tonne[1] qui se justifie parfaitement; en effet la machine Biarritz a donné au dynamomètre, à la vitesse de 30 kilomètres environ, une résistance totale à la traction de 185 kilogrammes, soit $9^k,5$ par tonne; on admettra bien que les résistances additionnelles dues au travail de la vapeur dans les cylindres, et aux pressions qui en résultent sur les essieux et les pièces du mécanisme doivent porter la résistance totale pour la machine fonctionnant à 12 kilogrammes par tonne.

En prenant la moyenne de $3^k,98$ par kilomètre, il est juste, puisqu'il s'agit d'évaluer la consommation comme machine à vapeur proprement dite, de défalquer le *quantum* dépensé par l'allumage, soit à raison de

1. Si nous employons ici un mode de calcul que nous avons signalé comme illogique (la résistance de la machine rapportée à son poids), c'est simplement pour présenter l'évaluation faite à la manière ordinaire; nous maintenons toutes nos réserves à ce sujet.

100 kilogrammes pour deux machines faisant ensemble 464 kilomètres par jour $\frac{100}{464} = 0^k,210$. La dépense réelle correspondant au parcours, serait donc seulement de $3^k,77$.

Avec les données qui précèdent on obtient le résultat suivant :

50 tonnes de train à $(6^k,12 + 2.15) = 413^k.5$
19 tonnes de machine $(12^k + 2.15) = 268^k.8$
Total $= 682^k.3$ d'effort de traction.

Soit un travail par kilomètre de 682,300 kilogrammètres.

On produit donc $\frac{682,300}{3.77} = 181,000$ kilogrammètres par kilogr. de charbon.

On dépense alors $\frac{270,000}{181,000} = 1^k,49$ de charbon par cheval brut et par heure.

Le travail développé, en tenant compte des résistances appréciées comme ci-dessus et de la vitesse moyenne de marche, conduirait à un travail de 84 chevaux en nombre rond, qui devrait être augmenté pour tenir compte de l'influence des courbes de 400 mètres de rayon et de la dépense de puissance vive employée à porter rapidement le train à sa vitesse normale, laquelle force vive est en grande partie reprise inutilement par le frottement des freins lors du ralentissement et de l'arrêt. En effet, le travail mesuré à l'indicateur sur les pistons dans des conditions de pression et d'introduction semblables à celle de la marche moyenne, accuse un travail bien supérieur.

La dépense par cheval brut et par heure ressortirait donc à

$$\frac{3.77 \times 33}{84} = 1.475,$$

et diminuerait encore si au lieu de la dépense moyenne des trois machines on prenait la dépense des machines 2 et 3, qui est notablement inférieure, comme il a été indiqué ci-dessus.

Une consommation de $1^k,45$ par cheval brut correspond, par cheval net sur l'arbre, approximativement à $1.45 \times 1.2 = 1^k,74$, ce qui est assurément un bon résultat ; il prouve que, locomotives à part, il est intéressant de faire des machines Compound, même sans condensation, ce qui avait été généralement contesté jusqu'ici ; il est juste cependant de rappeler qu'un de nos collègues, M. Dubuc, a depuis plusieurs années construit un très-grand nombre de machines de ce genre, soit locomobiles soit pour élévations d'eau, qui ont donné de très-bons résultats économiques [1].

$1^k,450$ de charbon à $8^k,5$ d'eau vaporisée par kilogramme de charbon correspond à $12^k,32$, et à 8 kilogrammes à $11^k,60$ d'eau par cheval brut.

Une machine à vapeur *parfaite*, c'est-à-dire détendant jusqu'à la contre-pression, dépenserait, d'après Zeuner, pour 8 atmosphères de pression effective, $8^k,217$ de vapeur par heure et par cheval brut; le rendement obtenu serait donc de 66 à 70 pour cent. La dépense indiquée sur les diagrammes étant de 10 kilogrammes environ, on peut en conclure que le coefficient k peut être évalué de 1.23 à 1.16, soit 1.20 en moyenne.

Ces chiffres n'ont rien que de très-admissible.

Des ingénieurs ont objecté que ces dépenses sont à peine celles des machines à condensation, qui pourtant ont une supériorité économique incontestable sur des machines envoyant la vapeur dans l'atmosphère. Il y a là erreur; de très-bonnes machines à condensation peuvent ne dépenser que 0,95 à 1 kilogramme de combustible par cheval brut et par heure; de très-bonnes machines sans condensation brûlant $1^k,40$ à $1^k,50$, l'avantage de la machine à condensation serait dans le rapport de 1.5 à 1; c'est parfaitement justifiable. Il ne faut pas oublier, d'ailleurs, que les pressions élevées aujourd'hui en usage sont un élément favorable à la bonne production et à la bonne utilisation de la vapeur, surtout lorsqu'elles sont combinées avec des moyens de détente efficace. En outre, les locomotives sont des appareils d'une exécution toujours très-soignée, et qui, tout au moins sur les grandes lignes, sont l'objet de soins minutieux et sont confiées à un personnel choisi. Une machine qui fait 30,000 kilomètres par an, à raison de 40 kilomètres à l'heure, n'a travaillé que 750 heures, et à raison de 25 kilomètres que 1,200 heures dans l'année, tandis qu'une machine d'usine, à 12 heures par jour et 300 jours par an, aurait travaillé 3,600 heures, soit trois à cinq fois autant.

1. On trouve des renseignements intéressants sur la question des machines Compound sans condensation, dans un Mémoire de M. Ebenezer-Kemp, intitulé : *On the Compounding of Locomotive und other Non-Condensing Engines*, inséré dans les Mémoires de l'Institut des Ingénieurs d'Écosse, années 1875-1876.

Nous donnons ici un tableau U contenant les résultats de puissance constatés à l'indicateur dans des expériences faites sur la ligne du Creusot au port de Montchanin; ce tableau renferme les puissances développées, les conditions de pression, d'introduction et de vitesse, et les puissances ramenées aux mêmes pression et vitesse ; il contient aussi les charges traînées avec le profil ; il s'agissait de wagons à houille et à minerais. Un fait qui se dégage de l'inspection de ce tableau, malgré quelques anomalies inévitables dans des expériences de ce genre, c'est que la machine développe sa puissance maxima, à pression et à vitesse égales, pour l'introduction de 70 centièmes aux deux cylindres. Ce fait s'explique parfaitement par les conditions de fonctionnement du réservoir intermédiaire, et par le fait que les deux distributions sont dépendantes. Aussi on fonctionne toujours entre 50 et 70 pour cent d'admission, et on évite les introductions plus longues ou plus courtes, en suppléant à ces dernières par la réduction d'ouverture du régulateur.

Les machines de Biarritz ont fait un service extrêmement dur; cependant depuis qu'elles ont été mises en marche il ne s'est jamais produit ni un arrêt, ni même un retard quelconque attribuable au mode de fonctionnement ou aux organes qui le produisent. Le tiroir de démarrage, notamment, a fonctionné huit à dix mille fois en moyenne sur chaque machine, sans que sa manœuvre ait donné lieu à la moindre observation.

Une grande partie du succès est due à l'établissement du Creusot pour l'excellente exécution des machines et les soins minutieux apportés à tous les détails de leur construction.

Nous ne saurions, d'ailleurs, quitter le sujet des machines de Biarritz sans rendre un hommage de reconnaissance à l'éminent administrateur à qui nous devons d'avoir pu faire la première application du système Compound à la locomotive, M. Eugène Péreire, membre de la Société, président du conseil d'administration du chemin de fer de Bayonne à Biarritz, qui pouvait, mieux que personne, par sa haute situation à la Compagnie générale Transatlantique, apprécier l'avantage de ce genre de machines, dont cette Compagnie fait l'emploi sur une si vaste échelle.

Notre camarade, M. Carimantrand, ingénieur de la Compagnie de Biarritz, nous a également, dans cette circonstance, donné l'appui le plus éclairé et le plus dévoué.

Le trafic ayant, sur le chemin de Biarritz, dépassé toutes les prévi-

Tableau U. — **Locomotive Compound BAYONNE. — Essais à l'indicateur.**

DATES DES EXPÉRIENCES.	DÉSIGNATION DES PARCOURS.	Numéros des diagrammes.	Inclinaisons en millimètres.	Rayon des courbes.	Charges remorquées.	Tours de roues par minute.	Vitesse en kilomètres.	Pression à la chaudière.	Admission en centièmes.	Puissance constatée en chevaux indiqués.	Puissance ramenée à 100 tours par minute et 10 atmosphères.	Mode de fonctionnement.
23 Juin 1876.	Port, Mine Monchanin....	1	11	m. 250	t. 111	91	20.6	k. 11	55	222.8	222.5	Direct.
	Id...............	2	11	250	111	125	28.3	10.5	55	278.5	247.9	Id.
	Id...............	3	11	250	74	71	16	11.2	80	91.1	114.5	Compound.
	Id...............	4	11	250	74	73	16.5	11.3	80	84	101.8	Id.
3 Juillet.....	Id...............	5	11	250	53	64	14.5	9.65	70	67.6	109.4	Id.
	Id...............	6	11	250	53	78	17.6	9.75	70	76	100	Id.
	Id...............	7	11	250	38	108	24.4	9.90	60	97.8	91.5	Id.
13 Juillet.....	Id...............	8	11	250	50	120	27.1	7	70	93.4	111.1	Id.
	Torcy-Creusot...........	9	10	500	50	144	32.6	10.5	80	166	109.8	Id.

sions, il a été nécessaire d'augmenter la puissance des nouvelles machines à construire pour cette ligne. Le tableau V, donne les dimensions principales de ce nouveau type, dont les six roues sont accouplées.

Dans ces machines, ainsi que dans cinq autres, construites pour la Compagnie des chemins de fer d'intérêt local de la Meuse, nous avons introduit quelques modifications de détail.

Le réservoir intermédiaire, formé seulement par le tuyau de communication entre les deux cylindres, ne peut guère avoir qu'une faible capacité; la dépendance des distributions des deux appareils, qui avait été adoptée pour plus de simplicité sur les machines de Biarritz, conduit avec la cause précédente à une certaine irrégularité de pression dans ce réservoir. De plus, si on réduit notablement l'introduction au petit cylindre, on peut être conduit à comprimer dans ce récipient la vapeur à des pressions exagérées; c'est cette crainte qui avait fait dans les premières machines établir des soupapes de sûreté sur les fonds du petit cylindre ; il en résulte quelquefois une perte de vapeur assez notable. Enfin, il est à désirer de pouvoir, autant que possible et dans toute circonstance, éviter les écarts exagérés d'efforts d'un cylindre à l'autre. Aussi, dans les nouvelles machines, la distribution peut être modifiée séparément de chaque côté. On peut donc donner à volonté une admission différente à chaque cylindre, mais on peut également, pour le renversement de la marche, manœuvrer ensemble les deux distributions. La figure 6, planche 4, représente cet arrangement tel qu'il a été exécuté sur les machines des chemins de fer d'intérêt local de la Meuse. L'écrou de la vis de changement de marche commande à la fois la barre de relevage manœuvrant la coulisse de droite (grand cylindre) et un secteur à cinq crans, portant un levier qui commande la barre de relevage de la coulisse de gauche (petit cylindre); si le levier est au cran central du secteur, la vis commande à la fois les deux distributions, tandis que si on met le levier à un des autres crans, on peut donner aux deux cylindres des introductions différentes.

Nous avons également appliqué le système Compound à deux petites machines à quatre roues pour tramways sur route; dans ces machines, les cylindres sont verticaux et commandent un essieu libre relié aux essieux porte-roues par des bielles d'accouplement. Cet arrangement est très-convenable pour des appareils où le mécanisme doit être le plus possible sous les yeux du conducteur et à l'abri de la poussière et de la boue pendant la marche. On trouvera les principales dimensions dans

Tableau V. — **Locomotives Compound, dimensions principales.**

NUMÉROS DES TYPES.	**1.**	**2.**	**3.**	**4.**
LIGNES auxquelles appartiennent les Machines.	BAYONNE-ANGLET-BIARRITZ.	BAYONNE-ANGLET-BIARRITZ.	CHEMINS d'intérêt local de la Meuse.	TRAMWAYS sur route.
	m.	m.	m.	m.
Largeur de la voie	1.45	1.45	1.00	1.45
Nombre de machines	3	2	5	2
Constructeurs	Schneider et Cie.	Ateliers de Passy.	Ateliers de Passy.	Corpet et Bourdon.
Surface de grille	1mq.00	1.26	0.65	0.33
Surface de chauffe des tubes (diamètre moyen)	40.50	51	29.40	12.43
Surface de chauffe directe	4.60	5.7	3.20	2.49
Surface de chauffe totale	45.10	56.7	32.60	14.92
Rapport de la surface totale à la surface directe	9.80	10	10	6
Rapport de la surface totale à la surface de grille	45.10	45	50	45.2
Diamètre extérieur des tubes	45 m/m	45	45	45
Longueur entre-plaques	2.400	2.900	2.200	1.880
Nombre	125	130	99	49
Diamètre moyen du corps cylindrique	1.000	1.020	0.900	0.700
Volume d'eau de la chaudière	1370l	1800	1000	800
Timbre	10kg	10	10	12
Hauteur de l'axe au-dessus du rail	1.600	1.860	1.400	1.250
Diamètre du petit cylindre	0.240	0.280	0.220	0.150
Diamètre du grand cylindre	0.400	0.420	0.345	0.240
Rapport des sections des cylindres	2.78	2.25	2.53	2.56
Course des pistons	0.450	0.550	0.400	0.320
Entre-axe des cylindres	1.910	1.950	1.410	1.520
Nombre de roues	6	6	6	4
Nombre de roues accouplées	4	6	6	4
Diamètre des roues accouplées	1.200	1.200	0.750	0.700
Diamètre des roues de support	0.900	»	»	»
Écartement des essieux extrêmes	2.700	2.700	1.680	1.300
Longueur de la machine hors traverses	5.740	6.760	5.340	4.100
Capacité des caisses à eau	1800l	2.500	1.900	1.000
Poids de la machine vide	15.500k	20.000	12.500	5.500
Poids moyen en service	19.500	24.000	15.500	7.000
Poids moyen adhérent	15.200	24.000	15.500	7.000

le tableau V. Ces machines n'ont malheureusement pas encore fonctionné par des circonstances bien indépendantes de notre volonté.

Un cas que nous avons eu à étudier est celui où il s'agit de modifier une machine existante par le simple changement des cylindres. Il peut être alors désirable de conserver, lors de la marche à introduction directe, une sensible égalité d'efforts sur les deux côtés de la machine, dans le but surtout de ne pas faire subir aux pièces conservées du mécanisme d'efforts sensiblement supérieurs à ceux qu'elles supportent actuellement. Il en résulte que, si on remplace, par exemple, un cylindre de $0^m,42$ de diamètre par un de $0^m,55$, pour que l'effort total reste le même sur chaque piston et chaque mécanisme, il faudra que la pression par unité de surface soit réduite sur le grand piston à

$$p \times \frac{\overline{42}^2}{\overline{55}^2} = 0,56\, p.$$

Pour obtenir ce résultat, quelle que soit la valeur absolue de p, nous disposons dans ce cas un détendeur automatique (fig. 5), formé d'un piston à deux diamètres, commandant un obturateur qui réduit dans la boîte du tiroir de démarrage la pression de la vapeur à n'être qu'une fraction de la pression de la chaudière, réglée par le rapport de la section totale du piston du détendeur à la section annulaire sur laquelle agit la vapeur vive, rapport qui est également celui des sections des cylindres. Cette disposition a de plus l'avantage de réduire notablement la pression sur le tiroir de démarrage, et par suite l'effort à exercer pour le manœuvrer, ce qui n'est pas sans intérêt pour les machines d'une puissance déjà assez considérable en vue desquelles cet arrangement a surtout été étudié.

On a reproché à cette disposition d'abaisser la pression initiale de la vapeur et de diminuer par conséquent son effet utile. Nous ferons observer qu'il n'y a qu'un abaissement de pression sans travail externe, et par conséquent sans perte de chaleur; mais y eût-il, d'ailleurs, perte d'effet utile comme il y a perte absolue de puissance, la conséquence est peu importante, puisqu'il s'agit d'un fonctionnement de courte durée, au démarrage, ou pour un effort plus considérable à effectuer momentanément et exceptionnellement. L'objection n'est donc pas sérieuse.

Nous profiterons de l'occasion pour répondre à une autre objection qui nous a été faite. Il a été avancé que, pour des machines à arrêts très-fréquents, telles que des machines de tramways, la disposition avec tiroir de démarrage des machines de Biarritz ne présenterait pas d'avantages sérieux, parce qu'il faudrait employer à chaque instant le fonctionnement direct, et que dès lors on n'obtiendrait aucune économie. Nous pourrions répondre que, dans le cas dont il s'agit, l'avantage de la machine Compound est encore plus dans son élasticité de puissance que dans l'économie de combustible; mais il y a mieux : si on arrête la machine dans un temps très-court avec la mise des coulisses au point mort et le serrage des freins, et que l'arrêt ne dure que quelques secondes, comme cela a lieu lorsqu'il ne s'agit que d'arrêter une voiture de tramway pour faire monter ou descendre des voyageurs, la machine repart sans aucune difficulté au Compound par l'effet de la vapeur qui reste dans le réservoir intermédiaire et qui n'a pas eu le temps de se condenser. Ce n'est que si l'arrêt était prolongé ou que si le démarrage présentait une difficulté spéciale qu'il serait nécessaire d'employer l'action directe. Ce fait est journellement vérifié avec les machines de Biarritz dans les manœuvres de gare, notamment dans celles qui ont lieu sur les plaques tournantes.

On ne trouvera pas hors de propos, nous l'espérons, que nous mentionnions, pour terminer, une appréciation flatteuse dont les locomotives de Biarritz viennent d'être l'objet. L'Institut de France a constaté que ces machines se distinguaient par « un sérieux progrès sous le rapport théorique et pratique. »

« En décernant à M. Mallet le prix Fourneyron pour 1877, » dit le rapport de la Commission composée de MM. Phillips, Morin, Rolland, Resal et Tresca, « l'Académie a surtout eu en vue de recompenser une tentative qui a pour objet de faire profiter les machines locomotives des avantages déjà reconnus, dans l'application aux machines marines, du système Compound, qui a constitué, sans aucun doute, une des plus grandes améliorations de ces dernières années. »

Nous nous sommes proposé dans cette note de donner uniquement des résultats d'expérience et des indications sur des machines exécutées; nous n'examinerons donc pas plus en détail les autres dispositions qu'on peut employer pour appliquer le système Compound aux locomotives, et dont nous avons déjà donné un aperçu très-succinct. Il est d'ailleurs probable que la question une fois engagée fera des pas assez rapides pour que nous puissions revenir prochainement sur ce sujet et présenter les résultats que nous attendons de nouvelles et plus importantes applications.

PARIS. — IMPRIMERIE DE E. CAPIOMONT ET V. RENAULT, RUE DES POITEVINS, 6.
Imprimeurs de la Société des Ingénieurs civils.

TABLEAU K

Extrait des Expériences effectuées en 1865, sur des Machines Locomotives des chemins de fer de l'État Bavarois, par MM. BAUSCHINGER et ZORN.

1. NUMÉROS des EXPÉRIENCES.	2. MACHINES.	3. DURÉE TOTALE de l'EXPÉRIENCE. (h. m.)	4. DURÉE du FONCTIONNEMENT. (h. m.)	5. NOMBRE de DÉMARRAGES relevés dans l'expérience.	6. NOMBRE moyen de TOURS DE ROUES par minute.	7. VITESSE MOYENNE en kilomètres à l'heure.	8. VITESSE MOYENNE des pistons par seconde. (m.)	9. ADMISSION apparente EN CENTIÈMES de la course.	10. EXPANSION réelle, espaces nuisibles compris.	11. TRAVAIL BRUT EN CHEVAUX mesuré sur les pistons. (ch.)
1	A	2 6	2 10	24	79	27,04	1.060	0,32	2,77	222
2		2 41	1 46	20	104	29,79	2.063	0,78	3,53	185
3		4 7	3 3	31	81	21,82	1,704	0,31	2,65	215
4		2 34	1 46	72	130	47,09	2,041	0,30	4,15	140
5	B	2 35	2 2	22	152	43,81	2,840	0,27	3,00	216
6		2 27	1 38	18	132	46,70	3.192	0,31	3,50	28
7		2 19	1 43	29	94	24,00	1,687	0,43	2,70	194
8	C	1 24	1 8	7	170	48,90	3.174	0,49	1,92	184
9		1 54	1 29	10	165	43,36	2,911	0,44	2,12	198
10		1 44	1 16	[illegible]	158	41,07	2,835	0,31	2,30	117
11		1 27	1 9	13	160	48,50	3 100	0,40	2,33	134
12	D	3 46	1 35	36	116	26,07	2 330	0,27	3,33	206
13		1 7	0 27	8	91	24,90	2.068	0,29	3,60	180
14		2 44	1 44	27	121	28,19	2.052	0,37	3,14	310
15	E	2 38	2 7	30	136	42,56	2.501	0,20	4,60	132
16		2 35	1 53	26	114	43,72	2.702	0,20	4,03	104
17		2 26	1 34	16	118	40,68	2.708	0,16	3,09	125
18	F	2 21	—	25	94	24,06	1.501	0,10	2,27	81
19		1 20	—	14	161	46,74	2.706	0,53	2,78	117
20		1 30	—	14	152	43,41	2.574	0,34	2,32	198
21	G	1 13	0 39	16	108	29,16	2.190	0,41	2,22	170
22		2 42	1 22	30	107	27,33	2.054	0,49	1,48	223
23		2 20	1 13	25	99	27,00	2.012	0,38	2,32	131
24	H	1 13	0 49	13	101	23,83	2,064	0,25	3,35	135
25		1 18	0 34	48	99	25,12	2,013	0,19	2,13	160
26		1 11	0 36	16	110	27,91	2.216	0,30	1,88	111

1. NUMÉROS des EXPÉRIENCES.	12. DÉPENSE par cheval brut et par heure en eau mesurée P. (k.)	13. DÉPENSE par cheval brut et par heure à la fin de la détente p' (1). (k.)	14. RAPPORT de 12 à 13 P/p = K.	15. DÉPENSE par cheval brut et par heure au commencement de la détente P' (1). (k.)	16. RAPPORT de 12 à 15 P/P' = K'.	17. RAPPORT de 13 à 15 p/P'.	18. DÉPENSE TOTALE par heure en eau mesurée. (k.)	19. DÉPENSE D'EAU par heure et par mètre carré de surface de chauffe. (k.)	20. NOMBRE de chevaux produits par mètre carré de surface de chauffe.	21. NOMBRE de chevaux produits par mètre carré de grille.	22. COMBUSTIBLE.
1	11,70	18,86	1,345	9,14	1,776	1,337	2163	34,2	2,31	210	Tourbe.
2	11,20	10,03	1,300	8,82	2,103	1,601	2027	47,5	1,91	147	
3	12,70	10,80	1,169	7,02	1,600	1,110	3052	27,5	2,36	216	
4	16,03	14,10	1,159	5,88	2,350	2,300	2247	33,3	1,57	198	
5	11,30	9,10	1,266	7,14	1,400	1,316	2176	26,9	2,27	185	
6	13,23	10,86	1,248	6,19	2,011	1,053	1026	17,5	1,31	415	
7	15,29	10,13	1,284	7,06	1,721	1,057	2061	26,9	2,04	150	
8	13,65	14,77	1,178	10,24	1,372	1,173	2064	48,8	3,01	238	Houille.
9	14,30	11,18	1,282	9,84	1,194	1,013	2638	43,5	2,07	196	
10	13,13	11,20	1,360	9,27	1,058	1,209	1205	33,6	2,32	177	
11	13,00	10,70	1,298	8,70	1,587	1,022	2115	28,2	2,77	210	
12	14,50	8,77	1,843	6,87	2,120	1,610	4024	42,3	2,74	192	
13	14,20	9,40	1,518	6,63	2,109	1,508	4468	49,9	3,28	212	
14	15,00	9,73	1,538	6,60	2,273	1,477	4430	46,7	3,10	208	
15	16,18	13,63	1,026	8,20	1,605	1,656	2162	36,2	2,23	118	Tourbe.
16	13,50	14,27	1,765	9,26	1,597	1,400	2184	38,8	2,11	108	
17	13,10	13,21	1,014	7,21	1,800	1,650	1927	28,3	1,83	102	
18	16,43	13,25	1,330	12,16	1,102	1,080	1761	25,1	2,06	106	Houille.
19	13,95	15,27	1,004	17,20	1,250	1,270	1754	38,8	3,15	132	
20	14,93	15,21	1,111	12,49	1,300	1,184	2170	46,3	2,13	113	
21	13,50	11,89	1,002	12,81	1,199	1,221	2052	32,2	2,06	128	
22	17,23	11,37	1,278	12,20	1,370	1,109	2013	19,5	2,83	168	
23	20,70	14,90	1,378	12,81	1,008	1,113	2058	32,6	1,58	102	
24	16,70	17,72	1,420	10,37	1,196	1,211	2724	27,6	2,03	198	
25	16,50	12,51	1,301	11,15	1,472	1,748	2704	40,2	2,41	179	
26	19,13	12,70	1,430	11,37	1,442	1,129	2348	39,2	2,17	131	

(1) Dans le calcul de ces dépenses on a déduit la vapeur restant en cylindre au moment où commence la compression.

Paris. — Impr. [illegible] et E. [illegible], rue des Poitevins, 6.

UTILISATION DE LA VAPEUR DANS LES MACHINES LOCOMOTIVES

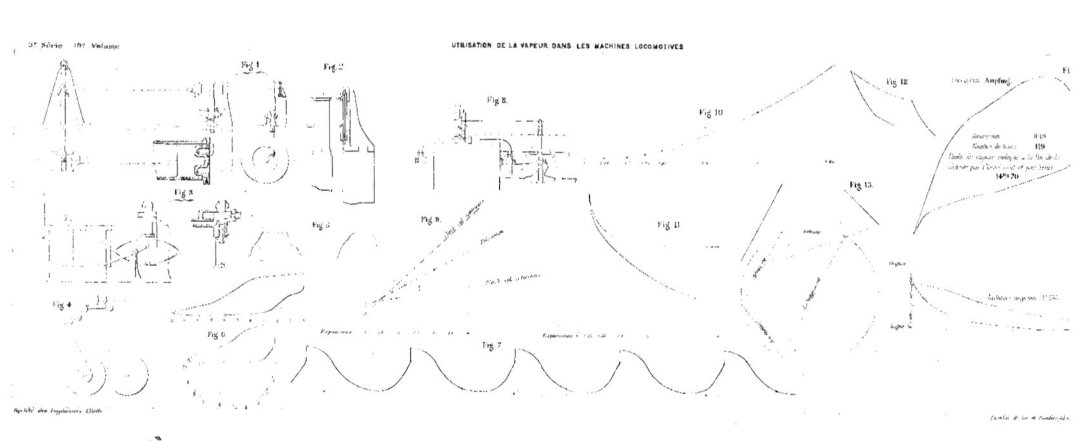

Société des Ingénieurs Civils

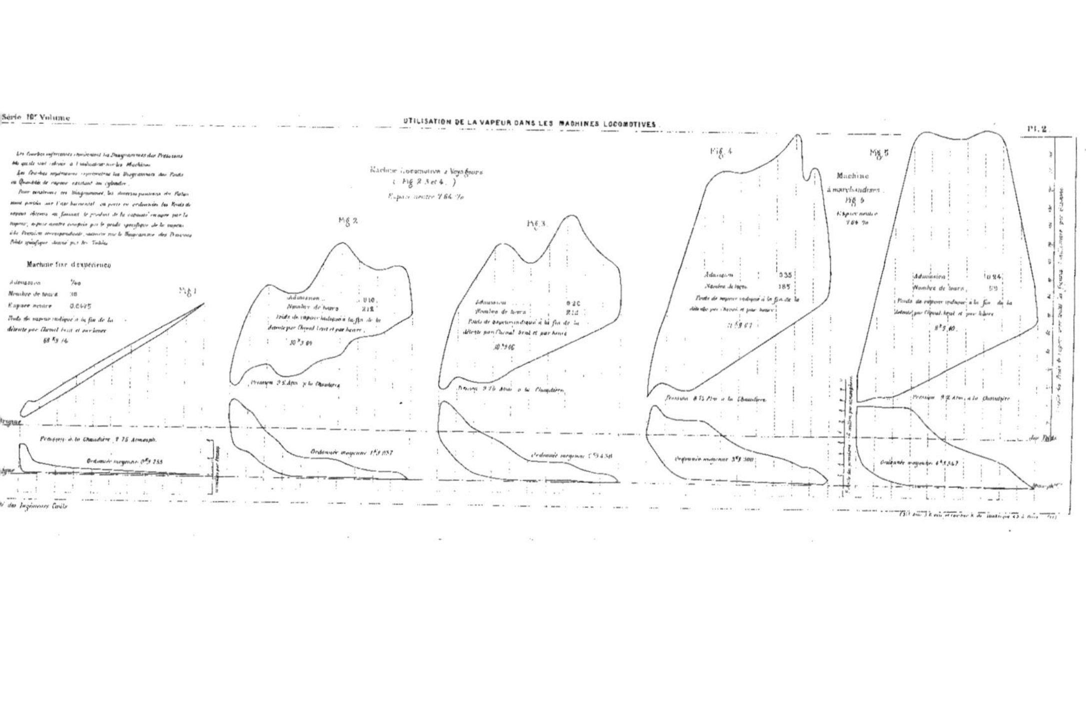
Série 10e Volume
UTILISATION DE LA VAPEUR DANS LES MACHINES LOCOMOTIVES.
Pl. 2.
Machine fixe d'expérience
Fig. 1
Fig. 2
Fig. 3
Fig. 4
Fig. 5
Machine à marchandises
Fig. 5
Admission 0.35
Nombre de tours 185
Admission 0.24
Nombre de tours 59
Pression 8.75 Atm à la Chaudière
Pression 9.2 Atm. à la Chaudière

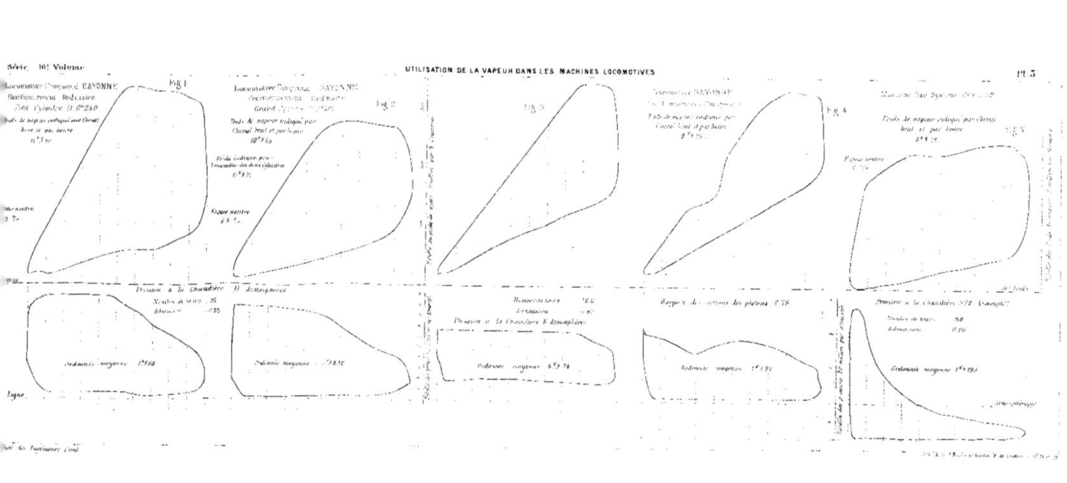
Locomotive Compound BAYONNE
Fig. 1
Fig. 2
Fig. 3
Fig. 4
Fig. 5
Poids de vapeur indiqué par Cheval brut et par heure
Espace neutre
Pression à la Chaudière 11 Atmosphères
Ordonnée moyenne
Pression à la Chaudière 8 Atmosphères
Ordonnée moyenne 1k,190
Pression à la Chaudière 5,72 Atmosphères
Nombre de tours 50
Admission 0,06
Atmosphère

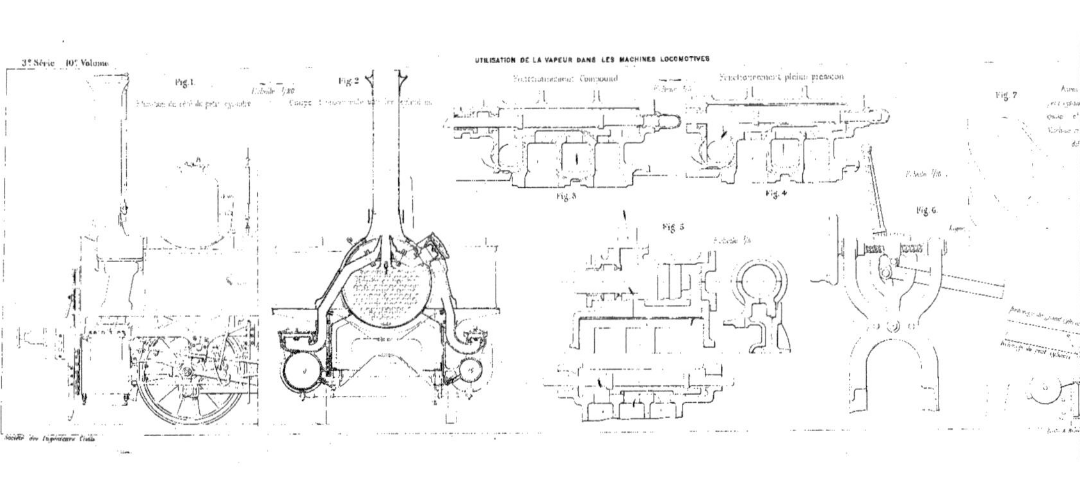
3e Série 10e Volume
UTILISATION DE LA VAPEUR DANS LES MACHINES LOCOMOTIVES
Fig. 1.
Fig. 2
Fonctionnement Compound
Fig. 3
Fig. 4
Fig. 5
Fig. 6
Fig. 7
Société des Ingénieurs Civils

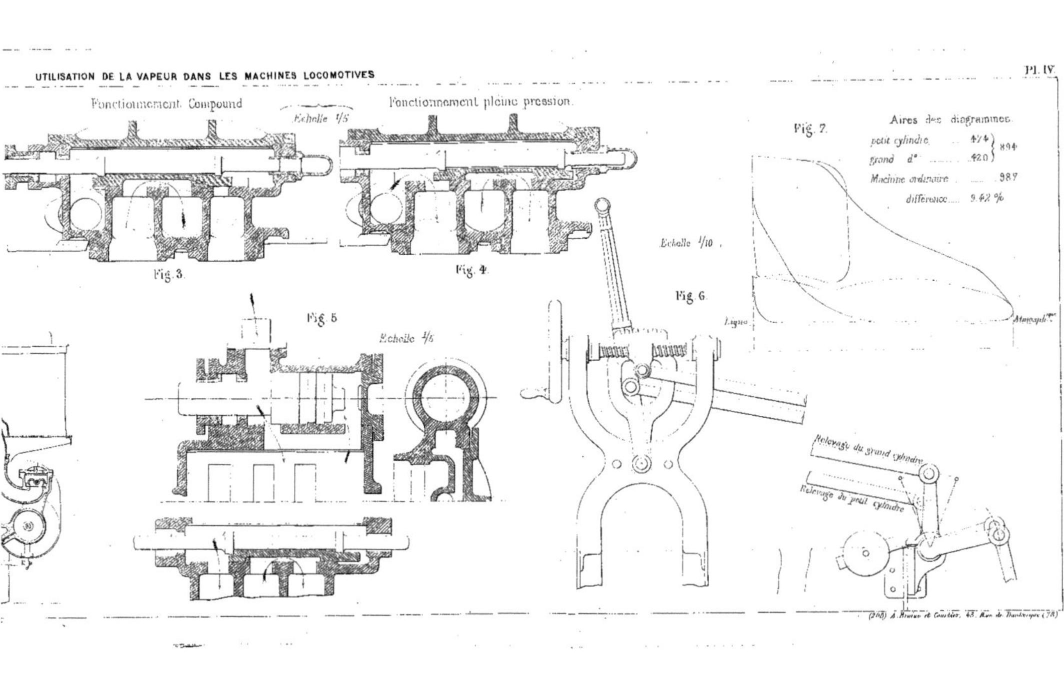

(203) A. Broise et Courtier, 43, Rue de Dunkerque (78)

www.ingramcontent.com/pod-product-compliance
Ingram Content Group UK Ltd.
Pitfield, Milton Keynes, MK11 3LW, UK
UKHW021042230726
13926UKWH00004B/1613

9 782013 723305